Ângelo Accorsi

SELF SKILLS

Copyright© 2023 by Literare Books International
Todos os direitos desta edição são reservados à Literare Books International.

Presidente:
Mauricio Sita

Vice-presidente:
Alessandra Ksenhuck

Diretora executiva:
Julyana Rosa

Diretora de projetos:
Gleide Santos

Diagramação e projeto gráfico:
Gabriel Uchima

Capa:
André Donadio

Adaptação de obra:
Carol Miranda

Revisão:
Rodrigo Rainho

Relacionamento com o cliente:
Claudia Pires

Impressão:
Gráfica Paym

Dados Internacionais de Catalogação na Publicação (CIP)
(eDOC BRASIL, Belo Horizonte/MG)

A172s Accorsi, Ângelo.
       Self skills: a chave para a liderança / Ângelo Accorsi. – São Paulo, SP: Literare Books International, 2023.
       16 x 23 cm

       ISBN 978-65-5922-527-9

       1. Autoconhecimento. 2. Liderança. 3. Sucesso. I. Título.
                                                        CDD 658.4

Elaborado por Maurício Amormino Júnior – CRB6/2422

Literare Books International.
Alameda dos Guatás, 102 – Saúde– São Paulo, SP.
CEP 04053-040
Fone: +55 (0**11) 2659-0968
site: www.literarebooks.com.br
e-mail: literare@literarebooks.com.br

SUMÁRIO

Capítulo 1
Convite à leitura.. 7

Capítulo 2
Self skills: os pilares que sustentam
a liderança autêntica..13

Capítulo 3
Propósito: clareza e coerência
que nos levam à ação 41

Capítulo 4
Personalidade: a importância de conhecer
aquilo que nos constitui...67

Capítulo 5
Autossabotagem: saber reconhecer e
lidar com o que nos impede de ir além..................... 91

Capítulo 6
Ambição x preguiça:
o tanto de infantilismo que ainda há em nós 125

Capítulo 7
O líder e as relações: não somos uma ilha 141

Capítulo 8
Águas que rompem barragens,
grãos de areia que escorrem
por entre os dedos: gerir emoções
é mesmo possível? 153

Capítulo 9
Estilo de vida:
o líder em compasso com a lógica da vida 173

Capítulo 10
Convite à ação vencedora 187

Capítulo 1

1 Convite à leitura

O saber aumenta o espaço da própria vida.
(Antonio Meneghetti)

Hoje, nas mais importantes escolas de gestão, existe uma preocupação central: como desenvolver as novas inteligências para o futuro? Como consentir um percurso efetivamente evolutivo àqueles que sentem em si vontade de ser e fazer mais? Como formar integralmente o líder?

Esta obra busca abrir um novo horizonte na formação de pessoas que desejam realizar mais para si e para o social. Pessoas que efetivamente desejam ser protagonistas da própria história e buscam como fazer para avançar.

Acredito que o sucesso depende do desenvolvimento do potencial de inteligência da pessoa, promovendo, assim, o autoconhecimento e a formação de líderes autênticos, criativos e vencedores. Acredito, ainda, que a prosperidade nos negócios, nos projetos, em uma carreira é reflexo do autoconhecimento. É reflexo da constante vigilância e qualificação da própria inteligência. O novo líder é autêntico. Por "autêntico", entende-se a capacidade de desenvolver-se e agir segundo o próprio potencial.

A busca pela própria evolução, que proponho aqui nesta obra, é uma jornada para pessoas que ocupam posições de liderança, que desejam desenvolver seu potencial de liderança, ou ainda empreendedores que buscam transformar suas carreiras e os contextos em que atuam.

Minha motivação para a elaboração desta obra é compartilhar a experiência empresarial e formativa de duas décadas e apoiar todo aquele que se sirva dela na direção da construção do melhor de si mesmo. Tenho claro que meu propósito é este: apoiar, por meio da geração de autoconhecimento, a formação e o desenvolvimento de lideranças. Esse propósito se evidencia principalmente na minha trajetória formativa. Desde a graduação, mestrado e doutorado em Psicologia, tenho me dedicado a compreender o ser humano, em especial a dimensão da liderança. Busquei, também, realizar uma formação no interior de outras culturas, tendo feito uma Especialização na grande Universidade de São Petersburgo (Rússia), além de uma extensa formação na Itália, principalmente pela Associazione Internazionale di Ontopsicologia (AIO). Também no mundo empresarial, o viés do desenvolvimento humano sempre esteve presente, quer seja por meio da Accorsi Consultoria, empresa que fundei e dirijo há 15 anos, ou da Intus - Escola de Liderança, que nasceu justamente orientada à promoção do autoconhecimento, prosperidade e gestão, ou ainda da Impare Tecnologia Educacional, *edtech* da qual sou cofundador e que nasceu voltada a promover uma educação básica de qualidade em todo o Brasil. Soma-se a essas atividades uma larga experiência como professor universitário em cursos de graduação e pós-graduação. Logo, este livro traz em si toda essa bagagem, e você verificará que justamente essa união de formação acadêmica com a prática empresarial consentiu elaborar um texto profundo, mas ao mesmo tempo extremamente prático e didático. Os capítulos seguintes propõem importantes reflexões sobre liderança e capacidades fundamentais ao líder, abordando temas como propósito, personalidade, mecanismos de autossabotagem, ambição, relações, emoções, estilo de vida; todos importantes pilares para a construção de uma liderança autêntica.

Essa é a jornada que o convido para fazer por meio deste livro, não tendo dúvida de que será um grande apoio para sua trajetória. Um grande pensador disse uma vez que um livro é sempre um bom amigo. Este é meu objetivo com esta obra: que ela seja uma companheira na construção de seu projeto de vida. Boa leitura!

Capítulo 2

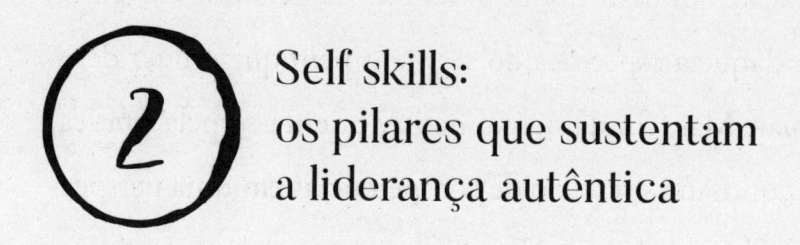

2. Self skills: os pilares que sustentam a liderança autêntica

Saber não é o suficiente: devemos aplicar.
Querer não é o suficiente: precisamos fazer.
(Goethe)

Quando me debruço sobre a temática da formação de lideranças, certamente me coloco diante de imensos desafios. Desafios que vão da concepção teórica de liderança que norteará o processo formativo, o dilema entre teoria e prática, até a abordagem metodológica. Entendo que a liderança tem um componente potencial, ou melhor, uma virtualidade potencial, mas é determinada historicamente pela **escolha** e **formação** da pessoa. A perspectiva do teórico Antônio

Meneghetti acerca dessa questão nos agrada muito e inspira boa parte das discussões que faremos neste livro[1]. É uma formação que não pode prescindir da técnica, em particular daquela específica do segmento em que o líder deseja atuar. Mas, fundamentalmente, orienta-se pela prática, pelo cotidiano exercício de competências em uma perspectiva de *lifelong learning* (aprendizagem ao longo da vida).

O horizonte do líder é aquele do aperfeiçoamento contínuo orientado ao desenvolvimento da própria competência e competitividade, uma vez que não basta ter qualidade naquilo que se propõe fazer, é preciso um adequado posicionamento no mercado. Em um mundo – e por consequência em um mercado – em contínua mudança, o líder precisa ser orientado à busca "contínua, voluntária e automotivada" de conhecimento nas diferentes esferas da sua vida. Pode-se dizer que o aprendizado contínuo é condição essencial para a construção do próprio sucesso. Como se tem proposto por

---

1 Fundador da Ontopsicologia, escreveu mais de 50 obras, em grande parte traduzidas para o inglês, português, russo e chinês. Com experiência clínica de mais de 10 anos nas mais diversas áreas do conhecimento humano, é responsável pela criação de Centros de Formação Ecobiológicos em vários países do mundo. No Brasil, é patrono e fundador da Antonio Meneghetti Faculdade, instituição de ensino superior credenciada pelo Ministério da Educação em 2007, e da Fundação Antonio Meneghetti, instituição criada em 2010.

alguns estudiosos, é um posicionamento de eterno aprendiz aquele a ser adotado (*lifelong learner*)². Ademais, quando nos voltamos à Filosofia Clássica, são inúmeras escolas e propostas que sustentam essa visão: é o que vemos nas correntes do inatismo e do empirismo, com os filósofos Platão e Aristóteles, por exemplo. Já na modernidade, temos o construtivismo de Jean Piaget, o qual também propõe que a capacidade de adquirir conhecimento deve ser desenvolvida ao longo dos diferentes estágios da existência humana.

Abre-se, então, aquilo que particularmente interessa-nos neste trabalho. Se é fundamental o aprendizado contínuo para a formação do líder, qual seria ou quais seriam as aprendizagens essenciais? Quais seriam as competências fundamentais?

2.1 Hard skills & soft skills: uma revisão necessária

As escolas que estudam e fomentam o desenvolvimento de liderança fazem uso de ferramentas para o desenvolvi-

---

2 Sobre o tema, recomenda-se a leitura da obra de Conrado Schlochauer, *Lifelong learners: o poder do aprendizado contínuo: aprenda a aprender e mantenha-se relevante em um mundo repleto de mudanças*, de 2021.

mento de capacidades organizadas naquilo que se convencionou chamar de *hard skills* e *soft skills*.

As *hard skills* envolvem capacidades práticas que têm como objetivo a realização de alguma atividade ou serviço específico. Em essência, entende-se por *hard skills* a gama de capacidades técnicas. Estas abrangem aquele repertório de conhecimentos que pode ser comprovado por meio de diplomas, cursos e pesquisas, podendo, por consequência, ser mensurado por meio de testes e avaliações.

Embora tais capacidades possam ser aprimoradas, a competência técnica (*hard skills*) não é tão simples de ser obtida, pois é fundamental ter uma base de informações para desempenhar algo em bom nível técnico.

Tais competências, uma vez que envolvem um saber-fazer técnico (*know-how, savoir-faire*), também possuem a característica de serem específicas; por conta disso, não são úteis em todas as situações. Afinal, para um cargo de contador, por exemplo, seu conhecimento em Photoshop não será de relevância fundamental; assim como não é relevante ter conhecimento em Javascript, por exemplo, para um advogado.

Sem dúvida, particularmente no contexto da liderança, possuir um consistente repertório de *hard skills* é fundamental. Entretanto, em um cenário de inúmeras e aceleradas mudanças no mundo do trabalho, estas não podem nortear a formação do líder. E não sejamos ingênuos, verifico, ainda, muitas lideranças vivendo e gerindo em paradigma completamente orientado pela técnica. Não raro, nessas mais de duas décadas de atuação profissional[3], encontro-me a discutir projetos de desenvolvimento de lideranças com CEOs e diretores e identifico uma visão completamente orientada pelas

---

3 Parte dessa trajetória, experiências e reflexões sobre a formação de líderes e terapeutas, encontra-se na obra de minha autoria *Psicoterapia Ontopsicológica: a Formação do Ontoterapeuta*, publicada em 2021.

hard skills. Desejam um novo resultado, mas vislumbram um caminho que não os levará lá, pois se fundamentam em uma perspectiva superada. Vivemos uma verdadeira revolução da requalificação, que coloca em xeque muitas das *hard skills* historicamente consolidadas[4]. Particularmente, quando olhamos os currículos da maioria das universidades, evidenciamos o descompasso entre mercado e propostas formativas[5].

As *soft skills*, ou competências socioemocionais, por outro lado, são capacidades que afetam as relações interpessoais e não possuem ligação direta com nenhuma atividade profissional. Sendo assim, podem ser utilizadas nos mais variados cargos, empresas ou funções.

Nos últimos anos, evidenciou-se que as transformações do mercado corroboram a necessidade de desenvolver capacidades que vão muito além da técnica. *Soft skills* são competências relacionadas ao comportamento

---

[4] A esse respeito, sugere-se a leitura do relatório *The Future of Jobs 2020* produzido pelo Fórum Econômico Mundial 2020. Disponível em: https://www3.weforum.org/docs/WEF_Future_of_Jobs_2020.pdf.

[5] Existem algumas instituições de ensino superior de vanguarda que, felizmente, protagonizam propostas diferenciadas no contexto formativo internacional. No Brasil, destaca-se a Faculdade Antonio Meneghetti (AMF): www.faculdadeam.edu.br. Convido o leitor para conhecer a proposta formativa dessa IES.

do indivíduo, muito mais atreladas à personalidade e às experiências do que à formação profissional.

Percebeu-se que, para muito além da técnica, as empresas precisam encontrar, em seus colaboradores, algumas habilidades que proporcionarão um ambiente de trabalho mais agradável e maior destaque para a empresa dentro de um cenário de negócios competitivos. Essas habilidades incluem: comunicação eficaz, capacidade de escrita, empatia, colaboração, organização, criatividade, entre outras. Como já dito, tais habilidades/competências não são exclusivas de uma profissão ou área de atuação. Por serem competências socioemocionais, são discriminantes nos mais diversos cargos, funções e profissões.

Possuir competências em *hard skills* e *soft skills* faz-se necessário no mercado atual, tanto que é comum encontrar, nessa perspectiva, ações formativas utilizadas na maioria dos projetos direcionados à formação do líder nos contextos organizacionais que tendem a uma visão orientada pelas *hard* e *soft skills*.

Sem dúvida, na contemporaneidade, trazer à luz a discussão sobre a relevância das *soft skills* no contexto do mundo do trabalho e, mais ainda, buscar desenvolver estratégias formativas nesse campo representa um avanço na direção de uma perspectiva mais integral do ser humano. Entretanto, **deve-se progredir**. O desenvolvimento integral remete a uma compreensão mais profunda dos verdadeiros moventes que podem produzir avanço na construção de uma vida próspera. Nesse ponto, precisamos falar sobre as *self skills*.

2.2 Self skills: competências fundamentais à formação do líder

Frequentemente, os quatro pilares propostos por Delors[6], em 1999, "aprender a conhecer", "aprender a fazer", "aprender a viver juntos" e "aprender a ser" são utilizados para ampliar a compreensão acerca da relevância das *soft skills* nos processos educativos em todos os âmbitos da

---

6 O estudo da educação no Brasil exige a análise do mesmo tema em nível global, decorrendo daí a importância da pesquisa promovida pelo relatório de Jacques Delors. A Comissão Internacional sobre Educação para o Século XXI foi criada em 1993, registrando-se, neste relatório, que, ante os múltiplos desafios do futuro, a educação surge como um trunfo indispensável à humanidade na sua construção dos ideais da paz, da liberdade e da justiça social. Esses pilares são adotados pela UNESCO e pelo Brasil. O relatório encontra-se disponível em: http://dhnet.org.br/dados/ relatorios/a_pdf/r_unesco_educ_tesouro_descobrir.pdf.

ação humana, compreendido, também, aquele do mundo do trabalho. Porém, em nosso entendimento, a proposta da UNESCO implica um avanço que pode ser alcançado quando inserimos a compreensão das *self skills*, enquanto competências fundantes, competências *passe-partout*.

    Em duas décadas de trabalho com desenvolvimento de pessoas, em particular com lideranças, vivenciei os desafios de empreender metodologias, concepções, práticas que efetivamente pudessem ser **alavancas para a formação do líder**. A questão da formação puramente técnica, desde cedo, verifiquei insuficiente. O elemento socioemocional sem dúvida abriu uma compreensão mais profunda e trouxe à cena competências importantes, como a resiliência, a comunicação, a persuasão, dentre outras, tão importantes no contexto dos desafios de uma liderança. No entanto, ainda não são suficientes, pois, como digo sempre, antes da técnica existe o técnico. Existe a pessoa, existe uma personalidade que faz a gestão daquele potencial humano em ação histórica. Logo, precisamos, de forma prática, trazer para a formação dos líderes competências relacionadas a como ele faz a **gestão do próprio potencial**. Essa é uma questão preliminar, anterior às *hard* e *soft skills*.

Certamente, falamos sempre em uma perspectiva integral, segundo a qual, da mesma forma que se verifica uma continuidade entre os mundos do trabalho e da vida pessoal, existe uma continuidade entre **competências técnicas, socioemocionais** e de **autogestão**. Foi essa visão que passamos a adotar em nossas ações formativas junto a líderes e organizações de diferentes segmentos com resultados altamente significativos e, principalmente, consistentes. Essa visão passou a nortear principalmente a Intus - Escola de Liderança[7], nosso braço dedicado especialmente ao desenvolvimento de lideranças.

Formação do líder:

---

7 Para saber mais sobre este projeto, acesse: https://www.intusescola.com.br/

Com as *self skills*, busca-se desenvolver no líder a competência da autogestão/autogerenciamento, que se torna possível uma vez que se tem como pilar elementar o autoconhecimento e o desenvolvimento integral. Por *self skills*, entende-se a **capacidade de gestão evolutiva de si mesmo**. Isto é, capacidade de gestão exitosa, de sucesso do próprio potencial e da sua aplicação no contexto em que se vive. É uma capacidade de **auto**gestão.

Acreditamos que o sucesso na gestão de um projeto está diretamente ligada à capacidade de autogestão do próprio líder: uma empresa é uma extensão do líder em sua totalidade, da forma como gere a si mesmo. De acordo com Antônio Meneghetti, teórico com o qual dialogamos nesta obra, o resultado da empresa é a soma das intencionalidades do líder ou dos líderes. Tais intencionalidades, conscientes e inconscientes, acabam gradualmente por se formalizar, se concretizar nos projetos do líder.

Como o leitor pode perceber, a perspectiva que aqui propomos é de extrema responsabilidade ou, poderíamos dizer, **autorresponsabilidade**: por trás de cada êxito ou sucesso tem uma parte da pessoa do líder que amou e quis muito aquilo. Em oposição, nos processos de erro e autossabotagem, há outra parte daquela pessoa que gera, ainda que por vezes de modo inconsciente, aquele equívoco ou perda. No final, o sucesso ou o erro é a ponta exposta, é o resultado, é a linha de chegada de múltiplas coordenadas, diversas escolhas feitas ao longo de determinado período. Voltaremos à temática da autossabotagem em capítulo posterior.

Uma vez que as *self skills* são competências de autogestão, elas não possuem ligação direta com atividades pessoais ou profissionais específicas. Servem para os mais variados cargos e para o gerenciamento da vida pessoal para que possa contribuir direta e indiretamente em sua trajetória profissional. São, por excelência, interdisciplinares. Com esse entendimento, percebe-se que as dimensões pessoal e profissional do indivíduo são sobrepostas e, por isso, gerenciar-se é fundamental.

Para exemplificar a aplicação das *self skills* e o diferencial da visão que discutimos aqui, trazemos uma situação prática. Imagine um contexto no qual você precisa se expor e falar para várias pessoas sobre determinado assunto. Você conhece o conteúdo técnico da sua fala (*hard skill*) e desenvolveu uma adequada capacidade de oratória (*soft skill*). Teria tudo para fazer uma apresentação brilhante. Mas você trava. Não sabe o que falar. Gagueja. Isso acontece porque parte do que se move em você, a maior parte, é inconsciente. Ou seja, entraram em cena, no seu íntimo, informações que evadem questões de conteúdo ou capacidade de oratória. As *hard* e *soft skills* não são o suficiente.

Com o desenvolvimento das *self skills*, existe a possibilidade de maior gestão de si e alargamento da própria consciência. Caso não haja essa competência de autogerenciamento, pode-se saber toda a técnica; mas, se um aspecto imaturo da própria personalidade entra em cena, aquele saber não vale de nada. **Maturidade** é uma concepção central quando falamos em *self skills*, uma vez que ela envolve tanto a dimensão subjetiva quanto aquela relacional da pessoa. Discutiremos mais profundamente esse conceito ao falarmos sobre propósito.

À guisa de ampliar a compreensão sobre as *self skills*, podemos fazer mais uma distinção com as *soft skills*. O Relatório do Fórum Mundial Econômico sobre o futuro do trabalho, já mencionado aqui, aponta para algumas competências que serão fundamentais ao profissional do futuro. Dentre essas, destacam-se a criatividade e a flexibilidade como competências essenciais. Se nos debruçarmos atentamente sobre tudo aquilo que é envolvido no exercício de tais competências, constatamos que elas se aproximam muito mais de *self skills*, na medida em que o repertório de recursos de personalidade para desempenhá-las satisfatoriamente implica profundo autoconhecimento.

Tomemos por exemplo uma pessoa que, historicamente, constituiu como traço de personalidade a rigidez (e não são poucas...). A mudança de orientação pessoal a fim de ser capaz de responder às situações e aos desafios com maior flexibilidade está intimamente conectada à compreensão dos fundamentos da própria personalidade que encontram conforto em um "modo de ser" rígido. Não basta dizer a alguém: "Agora, para ter sucesso, você deve ser mais flexível"; pois, por trás da rigidez, existe toda uma autoimagem arraigada na compreensão que o sujeito tem de si mesmo. Esse trabalho de mudança implica escolha e método.

É claro que falar no desenvolvimento de *self skills*, em particular para você que é uma liderança ou deseja ser, implica profunda responsabilidade. Mais especificamente, implica **protagonismo responsável**. Ou seja, partimos do entendimento de que você é capaz, tem em si todas as ferramentas para a construção de uma vida próspera; entretanto, não a alcançará sem uma visão responsável frente a si e ao mundo.

Você já deve ter percebido que empregamos muito o termo "responsabilidade". A palavra "responsável" tem sua origem no latim e significa justamente a capacidade de responder, a **capacidade de ser resposta.** Responder a demandas do seu íntimo, mas também às demandas do social, uma vez que é nele que construímos nossos projetos. Ouso dizer que a construção de uma verdadeira autorresponsabilização envolve decisão e empenho, porém muda totalmente sua perspectiva sobre o mundo e sobre o verdadeiro vetor de realização e sucesso. E é justamente por isso que ela é uma *self skill*.

Como já dissemos, por *self skills*, entende-se, portanto, a capacidade de gestão evolutiva de si mesmo. Quando se fala em gestão evolutiva, estamos abordando-a de maneira concreta, ou seja, o seu modelo de tomada de decisão, a forma como você cotidianamente escolhe. Das coisas mais simples da sua organização pessoal às coisas mais complexas do seu mundo empresarial, da sua carreira, como, por exemplo, ao organizar sua agenda, promover um colaborador, ao fechar um contrato, de fato você verifica uma evolução, um acréscimo, um avançar em relação a si mesmo?

Um líder, ou uma pessoa que almeja o contexto da liderança, deve se confrontar com os fatos da vida, com os fatos. Porque, na nossa mente, em nossas crenças, ideologias, cabe tudo: cabe o que é real e aquilo que também não é real. Claro que entendemos que os fatos em si, os resultados não são tudo, mas são um depoimento muito concreto do quanto eu sou um bom gestor de mim mesmo, do quanto o meu *mindset* promove crescimento.

Outro aspecto fundamental ao falar de gestão evolutiva diz respeito aos critérios: eu preciso ter critérios para verificar o meu processo de crescimento. Nós partimos de duas premissas já citadas aqui, que ajudam a esclarecer, a apoiar esse processo de autogestão e que dialogam com essa concepção de *self skills*, que são o autoconhecimento e o desenvolvimento integral. Abro aqui um parêntese para explicá-los.

O autoconhecimento, afora a inúmera bibliografia e as inúmeras possibilidades epistemológicas, teóricas a partir das quais nós poderíamos falar sobre ele, é um processo de aprendizagem. Ou seja, o nosso objetivo com este livro é dialogar com aquela pessoa que é uma liderança e quer mais, ou que está construindo o seu processo de desenvolvimento de liderança. Então, a nossa proposta é uma abordagem objetiva – não superficial –, mas objetiva. Nessa perspectiva, entendemos o autoconhecimento como um processo de aprendizagem contínuo. Portanto, retorna a visão do *lifelong learning*. Ou seja, o verdadeiro *lifelong learning* é um contínuo aprendizado sobre si mesmo. Esse é o aprendizado fundante! Claro que também consideramos *lifelong learning* o aprendizado da técnica que interessa ao meu segmento, ao meu mercado, daquele objeto, daquele *hobby* etc. Mas fundamentalmente, repito, o *lifelong learning* é um aprendizado contínuo sobre si mesmo; um aprendizado que não termina. E este é um aspecto que se pode verificar em todas as grandes filosofias e em tudo aquilo que é o conhecimento clássico do Oriente e do Ocidente. O conhecimento é sempre uma abertura para uma possibilidade superior de si mesmo. Então, ele não se finda. Retomando, o autoconhecimento é um processo de aprendizagem contínuo, radicado na compreensão do próprio potencial e do próprio modo de ser.

Explico: na nossa perspectiva, sempre que estamos diante de uma pessoa que nos procura e diz: "Eu quero me desenvolver, eu quero avançar. E eu entendo que, para isso, eu preciso me compreender"; ou ainda: "Sei que posso fazer mais, ter resultados ainda superiores, porém tem algo em mim que não compreendo e que não me faz avançar", o nosso olhar se dá sempre a partir de dois vetores.

Um vetor, que é aquele fundamental, é o **potencial**, o potencial de inteligência, a identidade de natureza daquela pessoa; como a inteligência da vida criou aquele ser. Em outros termos, é o elemento de virtualidade, é o quântico que pode vir a ser, mas que, em potencial, já está ali e que determina a possibilidade evolutiva. Por exemplo, quando a gente falar aqui em *core business*, a gente vai dizer que o verdadeiro *core business* é você estruturar a sua ação histórica, seu trabalho, sua carreira em sintonia com seu potencial de natureza, em sintonia com aquilo que hoje está um pouco em desuso de falar, mas que é a sua vocação. Já existe uma informação que precede, que é anterior ao processo de educação recebido a partir do nascimento. Logo, quando falamos de autoconhecimento, entendemos que precisamos apoiar a pessoa a compreender o seu potencial e responsabilizar-se por desenvolvê-lo.

Por outro lado – o segundo ponto –, a pessoa deve gerar conhecimento e tomada de decisão funcional acerca dos próprios processos de erro, seus **processos de autossabotagem**; toda aquela parte do sujeito que ficou infantilizada, isto é, aquilo do sujeito que hoje é um agente sabotador desse potencial. Ocorre no sujeito o seguinte: ele quer realizar; porém, no final do dia, vence a preguiça, vence a zona de conforto, vencem aqueles pequenos traços de comportamentos infantis fixos que o condicionam.

Dessa forma, quando falamos de autoconhecimento, é sempre diante dessas duas perspectivas: é apoiar a pessoa a compreender onde que ela erra contra si mesma, como aciona e quais são os gatilhos, os mecanismos que a diminuem ou paralisam e, fundamentalmente, ajudá-la a compreender seu real potencial. E o real potencial já está evidenciado desde sua infância. Se olhar com atenção, desde sempre, existem atividades, ações que você sente mais facilidade de fazer, pelas quais sente mais atração... Ali é preciso desenvolver-se. Ali está o ponto de sucesso.

Outro esclarecimento fundamental quando pensamos no conceito de *self skills* proposto aqui é o de desenvolvimento integral. O desenvolvimento integral serve como critério para verificar se você está de fato evoluindo. São indicadores objetivos. O primeiro aspecto, quando falamos em desenvolvimento integral, nos distancia de uma visão limitadora ou fixada apenas no ter. O ter é fundamental, vivemos em uma sociedade que possui suas regras e não podemos jogar no infantilismo de "Eu sou do jeito que sou e ponto". Talvez uma visão assim tenha nos servido quando éramos uma criança ou um adolescente, ou talvez até sirva se você não tem um alto nível de responsabilidade social, como é um lugar inerente ao líder.

A palavra "integral" significa que a vida caminha sempre toda junta. Não nos interessa aqui entrar em discussões teóricas, mas em decorrência de um modo positivista, de um modo mecanicista de construir sociedade e de construir a concepção acerca do homem, ciências sobre o homem, infelizmente acabamos compartimentalizando o mundo e compartimentalizando a nós mesmos. Isso gera um impacto gigantesco quando tentamos compreender a evolução e o desenvolvimento do ser humano, porque acabamos concebendo que, do lado de lá, está a profissão; do lado de cá, está minha vida pessoal, com meus *hobbies*, meus afetos etc. Parece-me uma tentativa de compreensão por caixas, por segmentação, mas que nunca chega no ponto crucial. Não consente uma vivência, uma experiência, menos ainda uma evidência completa de si mesmo. Assim, a perspectiva integral quer dizer que a vida procede em conjuntos. Nós somos uma unidade de ação; o humano é uma unidade de ação que está integrada em outra unidade de ação que é a sociedade, a qual está integrada em outra unidade de ação que é o planeta, que, por sua vez, está integrado em uma imensa unidade de ação que é o universo.

Deixando as filosofias de lado e voltando para o prático, o desenvolvimento integral implica cinco dimensões, como podemos observar na ilustração a seguir.

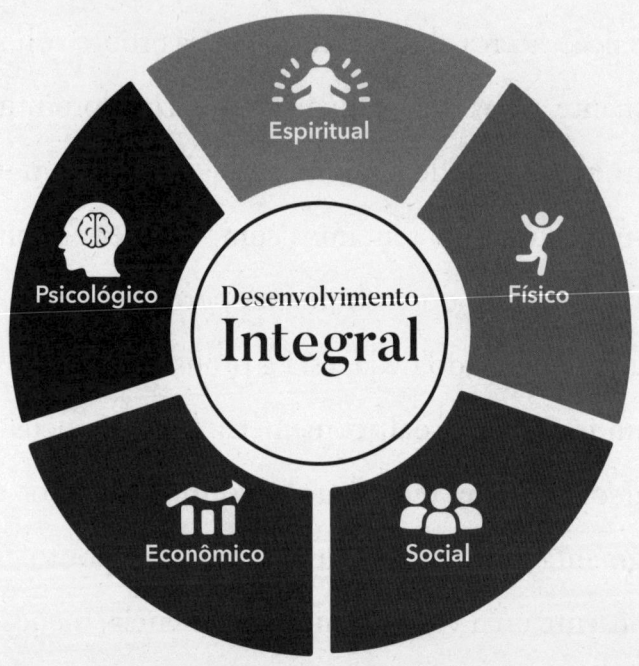

Na primeira dimensão, uma pessoa que está em uma estrada de desenvolvimento integral verifica sanidade na sua dimensão orgânica, isto é, tem preservada sua *saúde biológica funcional*.

Na segunda, ela verifica evolução, crescimento e sanidade na sua dimensão de *sociabilidade*, pois ninguém é uma ilha. Assim, se sou um eterno incapaz de gerir as minhas relações sociais é porque eu não faço desenvolvimento integral de mim mesmo. Esperar eternamente ser gratificado, esperar que o social me reconheça, certamente é sinal de infantilismo e não de desenvolvimento integral. Eu devo ser capaz de amar e cultivar meu valor. O restante vem por decorrência.

A terceira dimensão é a *econômica*. Essa dimensão é fundamental, pois faz parte do jogo social e é o que confere liberdade ao líder. É o que lhe dá capacidade de ação social e sabemos que, quando não se tem a capacidade de gestão econômica, seguramente se está sob empréstimo e, se estamos sob empréstimo de alguém ou de alguma instituição, uma hora ou outra precisaremos pagar. Eu costumo brincar que o mais difícil nem é tanto o débito econômico, o mais difícil são alguns débitos afetivos, por vezes, decorrentes do econômico e que depois são cobrados, inclusive algumas vezes, de maneira não tão nobre, e até mesmo pela via da chantagem. Como disse, são duas décadas de trabalho com o desenvolvimento de pessoas e se aprende muito sobre tanto, inclusive sobre os condicionamentos que terminam por colocar em ruína um grande líder potencial.

A quarta dimensão é a *psicológica*. Esta implica a capacidade de gerir seus pensamentos e suas emoções. Não ser um passivo refém dos determinismos do seu modo de pensar e do seu modo de se emocionar. Nesse aspecto, é importante ampliar a discussão, pois se deve compreender que, se existe uma parte do seu modo de ser que procede pela via da autossabotagem, do erro, é óbvio que a primeira coisa que ela condiciona é o modo como você pensa a si mesmo e aos outros – o pensar – e a variável emotiva.

Aqui, cabe um importante esclarecimento. Correntemente, as pessoas acham que a emoção é algo simples, mas a emoção[8] é, antes de mais nada, algo anterior ao próprio pensamento, porque a criança antes de aprender a pensar – como ensina Vygotsky – aprende a se emocionar; ela aprende padrões, padrões emotivos; e se esses padrões não são compreendidos e evoluídos, acabam por tornarem-se gatilhos de autossabotagem. Isso também faz parte da dimensão da saúde. Observe como desenvolver *self skills* é

---

[8] Em capítulo posterior, aprofundaremos esta compreensão.

fundamental para a construção da sua liderança, envolve sua evolução psicológica.

Por fim, pode-se dizer que a dimensão fundamental e que rege todas as outras é a *espiritual*. Aqui não se deve fazer confusão entre espiritualidade e religião. A religião é uma construção cultural, a partir da qual, sem dúvida, busca-se compreender e desenvolver a dimensão espiritual, além de ser nesse aspecto uma forma de pedagogia. Porém, cada pessoa pode se nutrir e nutrir-se da dimensão espiritual como entender mais vital para si, tendo em mente sempre que a dimensão espiritual é aquela que nos remete à transcendência, ao ser mais. Espiritualidade também é alma, ambição, intuição, vocação, autorrealização. A dimensão espiritual contém, em si, todas as outras dimensões; e é a capacidade do eu de estar fundamentado nessa dimensão que nos traz a segurança, a paz e a alegria do jogo da vida.

Para concluir, quais seriam as capacidades e temáticas desenvolvidas em uma estratégia formativa que contemple a visão das *self skills*? São múltiplas e dependerão do escopo a ser atingido em determinada ação. Na nossa perspectiva, na visão que orienta esta obra, os vetores organizadores são o **autoconhecimento** e a **prosperidade**. A partir deles, trabalha-se *core business, intuição, autossabotagem, propósito, personalidade, estilo de vida, autocuidado, autorresponsabilidade,* entre outros. Estruturamos este livro para apresentar esses elementos nos diferentes capítulos que seguem e, estamos certos, ficará claro para você o poder das *self skills* e o quanto elas são geradoras de transformação evolutiva ao líder.

Capítulo 3

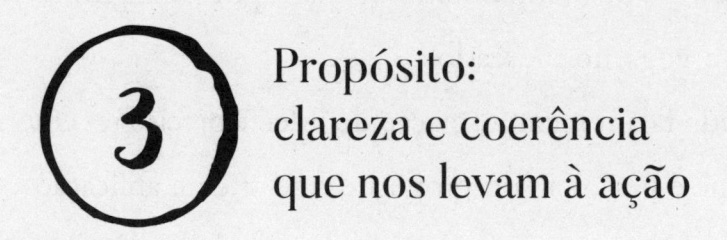

3 Propósito: clareza e coerência que nos levam à ação

> *Quem tem um "porquê" enfrenta qualquer "como".*
> *(Viktor Frankl)*

A capacidade de gestão evolutiva de si mesmo, conforme já assinalei, é uma construção e demanda o desenvolvimento de conhecimentos e habilidades. A capacidade de identificar e ser coerente ao próprio propósito é uma questão fundamental. Dessa forma, neste capítulo, gostaria de falar de propósito e demonstrar como a sua presença é determinante nos resultados de suas ações e projetos.

Antes de mais nada, queria convidar você para entender o modo diferenciado como abordamos propósito e o quanto esse posicionamento se distingue de algumas visões em voga no mercado.

Quando falamos em formação do líder, é preciso ter em mente que é por meio do propósito que se dá a aplicação do próprio potencial na construção de um projeto de vida vencedor. Ou seja, o propósito pode ser uma bússola para a autorrealização; pode ser uma bússola para realizar o potencial que já está presente em mim.

Para começarmos, gostaria de trazer uma frase de Sêneca, famoso filósofo estoico, conselheiro de imperadores, um grande homem que viveu entre 4 a.C. e 65 d.C., que diz: "Se um homem não sabe a que porto se dirige, nenhum vento lhe será favorável". Outra provocação que nos ajuda a pensar a importância do propósito, e que é bastante conhecida, é a que o gato diz para Alice, no romance *As Aventuras de Alice no País das Maravilhas,* de Lewis Carroll. Essa história traz uma mensagem interessante se olhada com certos olhos. O gato questiona para onde Alice quer ir quando ela buscava saber qual caminho pegar e ele lhe diz: "Se você não sabe para onde vai, qualquer caminho serve". É uma metáfora importante.

Essas duas passagens demonstram a importância de se saber para onde ir, qual o objetivo da nossa caminhada; caso contrário, ou nada nos servirá, ou qualquer coisa nos servirá, o que, em última instância, é a mesma coisa. E pensando por esse lado, será que cabe a nós "nada" ou "qualquer coisa"? Ou a nossa dignidade como seres humanos – projetos de inteligência da vida encarnados aqui e agora para vencer – vai além disso? Não deveria haver algo só para mim?

Sem dúvida, existe. Ainda mais, quando percebermos que dentro do nosso inconsciente, no profundo do nosso inconsciente e que muitas vezes foi tratado como algo negativo na história, existe o nosso projeto de inteligência, a nossa semente de vida. Ínsita, presente em nós. E lhes digo mais! Essa semente, essa informação, esse projeto é único. Essa semente é o determinante para que possamos escolher sempre o caminho que nos é próprio, que é otimal: o ideal ao meu projeto, aqui e agora.

Entretanto, para acessar esse projeto, todo esse potencial, é necessário entrarmos a fundo em nós mesmos; nos levarmos a sério nesse processo; termos consciência do potencial e de tudo o que nos cerca e, a partir daí, criar um propósito. Ter um propósito claro na vida é saber aonde se quer chegar e por que – e, sobretudo, dispor da energia necessária para enfrentar a trajetória, que certamente não será fácil, mas será a mais importante de nossa vida.

Há uma frase de Mark Twain que diz: "Os dias mais importantes da sua vida são o dia em que você nasce e o dia em que você descobre o porquê". Desde sempre, temos a necessidade de saber a finalidade da própria existência: para que eu vim e para onde eu vou? Para que estou nessa vida, nesse círculo social, neste país? O que existe além? Por esse motivo, foram criados estudos e religiões. Para justificar, buscar compreender e nos dar certo alento sobre qual é o nosso destino.

Existe uma dimensão em nós que precisa saber se existe algo além, que existe um propósito maior, que existe um sentido. E posso dizer, com certeza e com todos esses anos de trabalho desenvolvendo pessoas, que há um sentido e um propósito em cada um de nós. Há um sentido que determina a possibilidade de um propósito. E esse sentido está dentro de você. Está em um critério que nasce com você. Existe um critério de natureza dentro de nós. Um critério é aquilo que me permite julgar o que de fato me faz mais e aquilo que me reduz como identidade.

Se fosse fazer um paralelo entre aquilo que cotidianamente vejo com meus clientes na consultoria individual e o desafio de construir um propósito, é nítido que aquelas pessoas que avançam, que produzem e que conquistam possuem um propósito que as orienta. Todo aquele que possui um resultado superior de vida possui uma responsabilidade e um propósito que orienta suas ações, orienta suas tomadas de decisão. Mesmo que de modo empírico e até pouco manifesto; mesmo que essa pessoa não tenha um propósito declarado, formalizado e escrito, dentro de si, ela sabe aonde quer chegar e porque vale a pena todo aquele empenho e esforço. Porque não existe a construção de algo com reconhecimento social sem empenho e sem esforço. O fato de colocarmos a gratificação, a responsabilidade, antes do empenho e do esforço é uma opção nossa, mas não vai acontecer o resultado de crescimento.

Dessa forma, cabe perguntar: o que é o propósito? Seu propósito de liderança é quem você é e o que o distingue. Se existe um critério de natureza dentro de nós, se cada ser humano é único, é óbvio que não só em mim está presente, ínsito, um sentido que determina um propósito, mas também esse propósito me distingue. Eu sou único! Assim como tudo na natureza. Se olharmos, a natureza possui uma lógica muito precisa e algumas, digamos, características. Uma delas é a criatividade. Se quisermos entender melhor a nós mesmos, devemos observar melhor a natureza, pois é ela que nos constitui. E a observação é o primeiro método científico da história, muito anterior a Galileu. Um exemplo: você não vai encontrar duas folhas iguais em uma mesma árvore, porque existe criatividade na natureza, assim como existe unicidade; logo, não existem dois iguais a você.

Retomando, seu propósito é quem você é e o que o distingue. Quer você seja um empreendedor em uma *startup* ou o CEO de uma grande empresa, um operador de central de atendimento ao cliente ou um desenvolvedor de *software*, o seu propósito é a sua marca, o que você busca alcançar, a magia que o faz vibrar. Mas como identificar quando estamos centrados no nosso propósito, quando nossa ação histórica, aquilo que fazemos na história, onde investimos nosso tempo, o nosso cotidiano, a nossa energia estão alinhados com nosso propósito? Mesmo em um mar de dificuldades, mesmo em uma travessia difícil, sinto que vibro, porque eu estou íntegro e feliz.

Existe, hoje, uma preocupação em compreender aquilo que nos faz vibrar, que nos faz felizes. E o propósito é uma estrada para ser e fazer mais. Não é o que você faz, é como você faz o seu trabalho e o porquê. São os pontos fortes e as paixões que você traz para a mesa, não importando onde esteja sentado ou qual o seu cargo. Embora seja possível expressar seu propósito de diferentes formas e em diferentes contextos, ele é o que todas as pessoas próximas de você reconhecem como unicamente seu; aquilo que mais sentiriam falta se você fosse embora.

Ou seja, de certa forma, o nosso propósito já está presente nas nossas ações; só que justamente pela falta do autoconhecimento, por falta de ausculta – uma escuta aprofundada de nós mesmos – não percebemos. Então, é importante usar essa possibilidade de parar e pensar, por exemplo: as pessoas que estão à minha volta, quando falam de mim, para mim ou para outros, como profissional, por exemplo, o que dizem? Ali já temos um indicador.

Muitas vezes, as pessoas passam a vida toda tentando se adequar ao modelo do outro e não conseguem construir uma carreira próspera. Como diz o ditado: ficam a achar que a grama do vizinho é sempre mais bonita. Contudo, ao olhar a grama do outro, você já está se traindo. Traindo o próprio propósito. Cada um de nós tem um espaço, cada um de nós tem a responsabilidade de ampliar o seu espaço, e é daí que vem a nossa força, nosso poder e a nossa capacidade de entregar mais valor, de servir ainda mais, de sermos líderes, porque a nossa visão de liderança está conectada à capacidade de servir. Se o serviço que você presta está em consonância ao seu propósito, é óbvio que vai ser muito mais fácil para você construir a sua excelência.

A busca constante por um sentido nos faz procurar sempre um ponto de apoio para trilhar, na nossa mente, um propósito de vida, e isso é ótimo. A problemática é: como encontrar um propósito que verdadeiramente faça sentido, que esteja em compasso com meu potencial de inteligência e de ambição? Esse é o desafio. O que vejo é que, muitas vezes, as pessoas definem um propósito com base em estereótipos do social e não seguem a verdadeira intencionalidade de seu projeto de inteligência. Ou seja, seguem aquilo que diz a mídia, a família, a sociedade, os amigos ou mesmo aquelas crenças mais acomodadas em seu *mindset* (necessidade de segurança financeira, estabilidade, medo de ousar etc.). Sem notar, estabelecem um propósito de vida que acomoda ainda mais um modelo mental que não produz desenvolvimento.

É importante ter claro que um *propósito*, até pela origem da palavra, é algo que me lança à frente. Entretanto, se eu estabeleço um propósito que direta ou indiretamente só acomoda a minha zona de conforto, eu acabo frustrado porque faço, faço, faço, mas não vem o resultado que me lança à frente. Empenho-me, esforço-me, mas, no final do dia, só estou a retroalimentar aquilo que me mantém menor do que eu poderia ser.

Por exemplo, muitas vezes, usamos a ideologia, a religião, as crenças e tantos outros fatores para nos eximir da responsabilidade de criar um propósito claro e coeso para alcançar em um período x de tempo. Estou falando de clareza, coesão, tudo isso em uma linha de tempo. Se eu não possuo um propósito claro, coeso, e se ele está solto no tempo, é claro que o meu empenho será muito mais difícil, que não terei clareza de foco. O problema de foco, principalmente quando ocupamos uma posição de liderança, se torna uma grande problemática, pois, se eu não sei qual é o meu propósito, eu não tenho como liderar de forma séria e consistente minha equipe. O propósito funciona como um organizador de suas energias, relações, tempo etc. Na medida em que ele existe e está presente em você cotidianamente, passa a ser critério de investimento para sua vida. Por isso, entendemos que **a capacidade de identificar e ser coerente ao próprio propósito é uma *self skill* fundamental**.

Como líder, não posso cobrar um propósito da minha equipe se não tenho clareza do meu próprio propósito. A ausência deste antecede a dificuldade de criar ações claras e coesas para meu time, para a empresa e até mesmo para a própria vida. Ressaltamos: trata-se de ter um propósito concreto, definido, não os genéricos que criamos, como: ajudar pessoas, ter sucesso, mudar o mundo etc. A definição do propósito faz com que se criem estratégias.

É importante compreender aqui que o propósito a que me refiro é inconsciente. É uma indicação da própria natureza. É uma virtualidade, uma ambição direcionada a algo específico. Por vezes, nem se compreende o porquê se instaura aquela vontade, aquela necessidade, mas se quer fazer.

Para elucidar, vou dar um exemplo do gigante Enzo Ferrari, criador da Scuderia Ferrari. Nos anos 30, Ferrari funda a Scuderia Ferrari. Na Itália, era normal, na época, que os mecânicos pudessem fazer suas elaborações. Não existiam todas as leis e regras que se têm hoje em dia. Artesanalmente, com martelo e bigorna, é que se cunhava as lâminas externas, não existiam moldes. Já no fim da vida de Enzo, um jornalista perguntou por que ele fez o que fez: por que ele criou a Ferrari? Ele respondeu, de pronto, que queria velocidade, como um instinto de autonomia e de liberdade. Ele não estava pensando em como isso se daria no futuro, se seria aceito ou não no mercado, se teria aplausos ou vaias. Ele queria fazer para si, em um primeiro momento. Era o seu amor por carros, por velocidade que o motivava. Era a sua necessidade de sentir autonomia, de saber que tinha o carro mais ágil. Para si, não para os outros. Era o seu grito de liberdade.

Só nessa concepção em que o propósito é entendido a partir do próprio projeto de inteligência é que ele faz sentido, que ele é transformador e que gera realização. Por estar diretamente ligado a como você gere a si mesmo, é uma das capacidades que formam o *hall* das *self skills*.

O termo "estratégia" tem origem no vocábulo grego "*strategos*"; é uma palavra de origem militar, que representa um plano ou método para alcançar um resultado esperado. Ou seja, o *stratego* era um militar da alta patente do comando de guerra responsável por pensar todas as possibilidades e utilizar a tropa para obter tais resultados. Era sua responsabilidade estar preparado para vencer a guerra com o maior número de guerreiros vivos.

No mundo dos negócios, na construção da nossa carreira, não é diferente; ter uma estratégia – seja ela em âmbito pessoal ou empresarial – pressupõe estar preparado para a etapa seguinte. É quantificar um futuro possível e deslocar força para esse futuro, tendo sempre em mente que a estratégia é mutável. O que não muda é o propósito de usar aquela estratégia. Não estamos falando de um posicionamento rígido, mas de um eu capaz de se adaptar segundo o social para a realização de um propósito. A *maturidade* é isso: um eu capaz de fazer o jogo da realidade interna – minha ambição, meu propósito – e da realidade externa – os negócios, a sociedade, a família... Cabe aqui, ainda, uma elucidação a respeito desse termo.

Atualmente, devo dizer que eu sou uma pessoa muito feliz por ter escolhido, no auge da minha crise vocacional na adolescência, ao final da minha adolescência mais exatamente, fazer uma graduação em Psicologia. Eu entendo que acertei o alvo, à parte toda crise da Psicologia como ciência, já amplamente discutida por pensadores como Vygotsky, Husserl e tantos outros. A graduação foi um ambiente que me permitiu dar vazão aos meus questionamentos acerca do sentido da vida e de como construir-me bem para, em um segundo momento, se possível, também ser função de valor e auxílio para outras pessoas. Acredito ser este o momento que vivo hoje: ser uma função de valor e desenvolvimento para aquelas pessoas que buscam diretamente meus serviços ou aquelas das empresas que conduzo (em especial na Intus - Escola de Liderança), isto é, pessoas que buscam a consultoria individual, consultoria empresarial ou o desenvolvimento por meio da leitura deste livro.

Algumas das questões que habitava o centro das minhas crises intelectuais naquele período de graduação, e que é uma questão que permeia este capítulo, pois se relaciona com a busca, a maturação de nosso propósito pessoal, eram as seguintes: "O que é ser uma pessoa madura?", "O que é maturidade?". Pare para pensar o quanto é robusta essa reflexão, quanta coisa existe por trás dela. Por exemplo, que critérios eu posso utilizar para dizer: "Essa pessoa é uma pessoa madura; essa outra é imatura"?. Ou seja, por trás da reflexão sobre o que é maturidade, existe verdadeiramente uma profunda questão filosófica, também psicológica, mas essencialmente filosófica. E para responder a essa pergunta, atualmente, encontro apoio em um teórico que estudo bastante, que se chama Antonio Meneghetti, já mencionado aqui.

Para Meneghetti, a maturidade baseia-se na capacidade egoica de metabolizar a própria individuação no contexto ambiental, em vantagem da individuação e em tolerância do ambiente. Entendo que você pode achar uma definição complexa. Estou de acordo, mas, paradoxalmente, ela também é muito simples: a maturidade é ter um Eu capaz de ser um adequado mediador da própria identidade em situação social.

Maturidade então é ter um Eu que, no momento em que toma as suas decisões, que faz as suas escolhas, **é adequado, é funcional, é um mediador funcional da própria identidade na situação social**. Isso significa que, de uma parte, nós temos a nossa identidade, a nossa inteligência, o nosso potencial; de outra parte, temos o ambiente, os nossos sócios, a nossa família, a sociedade. E não se pode subestimar a força do social, o quanto a sociedade incide sobre nós.

Até porque o social é justamente o espaço de ação do líder. Os nossos resultados são o produto, o fruto da ação de serviço ao social, ou seja, **os resultados evidenciam o quanto eu sou capaz de ser um serviço distinto no**

contexto social que eu escolhi; naquele ambiente de trabalho, naquele ambiente de relações. Dessa forma, não é maduro quem trai a si mesmo, porque nós temos também a dimensão da nossa identidade. Não é maduro quem não sabe construir uma harmonia de relação com os outros. Então, quando pensamos em maturidade, há sempre dois elementos: primeiro ser fiel a si mesmo, ser fiel à própria identidade; conjuntamente, é preciso saber servir o social, saber construir ações em harmonia com os outros, isto é, conduzir uma estratégia de dupla moral.

O que é a sociedade? A sociedade não é outra coisa do que um acordo entre sócios: todos somos sócios quando construímos uma sociedade. Ou seja, eu abro mão um pouco da minha liberdade para poder viver em harmonia com você; você abre mão um pouco da sua liberdade para poder viver em harmonia comigo. E, a partir disso, construímos algo que é muito mais do que apenas eu e você. É algo maior, capaz de deixar legado, que é a sociedade, a ação social.

Desse modo, maturidade, especialmente para quem é líder, é uma artesania; é o contínuo, o cotidiano ofício de desenvolvimento de um Eu capaz de ser um mediador funcional entre a realidade interna e a realidade externa. É sempre a arte da dupla moral. Um líder é aquela pessoa que consegue construir a si mesmo, seu estilo de vida, sua vocação, sendo função ao social: é **o melhor para mim a partir do útil para os outros**.

Esse exercício da maturidade fundamental ao líder está intimamente conectado à construção do estilo de vida do líder e da realização de sua vocação ou *core business*. Esses elementos não apenas estão conectados, como são a verdadeira salvaguarda e suporte à inteligência e à ação vencedora da pessoa que é protagonista no social. A construção da própria maturidade não é um ponto de chegada, mas uma guia, a estrada para a autorrealização. Não termina nunca. Cada degrau avançado remete a um próximo, ou seja, para uma possibilidade maior de realização e satisfação.

Todavia, descobrir nosso propósito não é uma tarefa fácil. Se fosse, todos saberíamos para onde vamos e estaríamos satisfeitos com a resposta. Por esse motivo é que consideramos o autoconhecimento como a chave para se obter os tão sonhados resultados.

Somente com o autoconhecimento é possível compreender qual é o caminho desenhado pelo nosso projeto ou, ainda, qual o fruto que a nossa semente da vida pode dar. Essa busca pelo nosso melhor faz com que nos tornemos livres dos preceitos e pré-conceitos que trazemos conosco e faz com que passemos a utilizar a nossa força para delimitar um propósito que seja coerente com a nossa essência.

A lógica da natureza nos ajuda a entender melhor esse assunto: imagine uma semente de girassol. O propósito dela é ser um girassol. Ela sabe o seu projeto. Agora, imagine se, assim como nós, esse girassol tivesse sua mente cindida, cheia de ideologias e convicções não necessariamente funcionais e que 80% ou mais fosse inconsciente e ele gradualmente fosse perdendo seu propósito, o porquê veio ao mundo. Ia observar a rosa, linda e perfumada, protegida pelos espinhos e fazer força, dar tudo de si, para ser aquela rosa. O pobre girassol seria mais um frustrado no mundo, que, assim como muitos, usa toda a força para galgar conquistas que não são suas, que não estão em conformidade com a sua necessidade de essência.

Muitas vezes, trata-se de um desejo da família, uma imposição social, uma convicção criada sob a influência de alguém que admiramos. Ou seja, o fator determinante a se pensar é que essa escolha não lhe pertence e que gradualmente pode ir traindo o seu potencial. Chega no fim do dia, você se sente sozinho contra o mundo; batalhando para chegar em algum lugar sem ter resultados; ou talvez até atinja tais resultados, mas, dentro de você, há um vazio.

Porque, assim como o girassol, você nasceu para ser algo. Você tem um sentido, um projeto que deve orientar seu propósito próprio. Você tem o seu caminho. E esse caminho só pode ser encontrado por uma profunda seriedade consigo mesmo na busca do autoconhecimento. Na construção do melhor de si mesmo, é necessário autoconhecimento e ação funcional. Sempre digo isso aos meus clientes. Não basta entender o ponto da mudança, **é preciso agir**.

Por vezes, você só entende depois da ação. É a ação que abre um horizonte novo de compreensão. Não é a elaboração mental, até porque na nossa mente – como já disse – cabe tudo, inclusive o que nos sabota. Por isso, preciso encontrar esse compasso para ter o melhor de mim mesmo. Ou seja, aprender e fazer a mim mesmo cotidianamente, sempre verificando os resultados. O resultado é um instrumento fundamental para o próprio desenvolvimento. Os resultados são uma prova objetiva. Se acredito que aquela é a estrada, porém, quando a empreendo e mesmo com empenho, não sinto gratificação e crescimento, tem algo a ser observado e talvez uma trajetória a ser corrigida.

Abre-se, então, a seguinte questão: como eu posso começar a obter resultados a partir do meu propósito? Esse é o grande desafio. Como eu disse, só o autoconhecimento vai propiciar os resultados esperados; no entanto, para começar essa busca por propósito e a partir disso delimitar uma estratégia vencedora, podem ser utilizados alguns passos.

Primeiro de tudo, **examine a sua história de vida**. Tente buscar as coisas que você gostava de desempenhar quando pequeno; o que lhe dava energia e alegria; quais características podiam ser ditas como pontos fortes daquela criança. Tenha em mente que a resposta já está em você. Observe aquilo que lhe dava prazer, alegria; aquilo que você tinha mais facilidade de resolver quando era pequeno e o que você mais gostava de fazer. A criança tem isso: ela se joga naquilo que dá prazer; mas, ao longo da vida, vamos perdendo o que nos proporciona prazer autêntico.

Tente, de forma séria e prática, **criar um propósito**. Para facilitar, crie uma perspectiva de metas, só 3 já são o suficiente. 3 metas para desempenhar até o fim do ano, ou até o final de um ciclo que você defina. Isso faz com que você se foque nelas, trabalhe para realizar e não se frustre com aquela tabela enorme de coisas que não serão feitas. Tão importante como essas metas é você ter claro porque elas são relevantes para sua vida. Escreva isso, formalize porque fazer essas atividades/esses passos será importante para você.

Observo alguns processos de autossabotagem que são frequentes. Um dos processos consolidados e que é verdadeiramente frustração anunciada é a criação de muitas metas. Todo o grande líder sabe que, em um contexto empresarial, é preciso ter poucas metas, mas muito claras e compartilhadas com o time. Assim, você tem uma convergência de esforços: o exército inteiro trabalhando naquela direção. Ou seja, há uma unidade de ação coesa e com foco.

Vygotsky postulou a existência de funções mentais superiores: funções na capacidade mental humana que nos distinguem dos demais animais do planeta, tais como a memória, o pensamento, a emoção... Mas existe uma função mental superior que organiza o empenho de todas as outras: a atenção. E a atenção, para esse autor, é seletiva. Assim, mesmo que às vezes pensemos ser possível manter uma atenção direcionada a muitas coisas, isso é uma falácia ou uma meia verdade. Podemos ter atenção periférica para muitas coisas, mas somente uma central. É nela que vou depositar mais energia. É nela que as demais funções mentais superiores estarão maiormente investidas. Uma pessoa que seriamente se empenha e delimita uma meta direciona todo seu potencial para realizá-la. Todas as funções mentais convergem para aquele ponto.

Elabore um mapa com estratégias para alcançar as suas metas. Uma meta, em si, é só uma declaração. Declarações não mudam a vida. Ações mudam nossa vida.

Ações endereçadas pelo nosso verdadeiro propósito transformam, revolucionam nossa vida.

Para concluir, quanto maior a sua ambição, quanto maior o seu desejo de construir um grande projeto, maior clareza você deve ter do seu propósito e da jornada para realizá-lo. Nisso tudo, reiteramos a fundamental importância do autoconhecimento e da mudança e qualificação de si na direção do próprio potencial de inteligência; pois é ele, o potencial, que o sustentará nessa jornada.

Assim, nunca receie, nem tenha medo de buscar apoio. Felizmente, hoje existem muitas alternativas para o desenvolvimento do líder e, principalmente, para aquilo que chamamos de *self skills*.

Capítulo 4

4 Personalidade: a importância de conhecer aquilo que nos constitui

A forma mais fácil de se transformar é conviver com aqueles que já são o que você quer ser.
(Reid Hoffman)

A visão que trago nesta obra se diferencia, pois posiciona o autoconhecimento como o elemento central para a geração de resultados positivos e a construção de uma vida efetivamente próspera. Assim, uma vez compreendido o conceito de *self skill* e sua importância para a construção da nossa jornada, especialmente se estamos em um percurso de liderança, é fundamental trazermos para discussão um conceito central: personalidade.

Na busca de resultados individuais ou organizacionais, precisamos ter em mente que a primeira referência de qualquer atividade é o indivíduo. É aquele que está atuando um projeto, uma ideia, um escopo. Não estamos nos referindo apenas aos conhecimentos técnicos que alguém possui e que são inerentes a um segmento empresarial, ou qualquer atividade em que se atue. Esse tipo de conhecimento (*hard skills*) pode ser obtido facilmente em um curso de graduação ou pós-graduação, ou mesmo em cursos de curto período. Nos referimos aqui ao elemento que, se bem compreendido, sustenta e desenvolve plenamente um escopo proposto.

A nossa confiança incondicional a uma visão puramente tecnicista para a resolução dos múltiplos desafios presentes em qualquer projeto ou mesmo na construção de uma carreira exitosa mostra-se um limite. A velocidade das mudanças e as novidades sempre presentes em nosso mundo contemporâneo evidenciam as limitações dessa racionalidade ou visão tecnicista. A diferença no sucesso de qualquer atividade não se deve mais apenas à técnica, mas ao indivíduo. O crescente interesse pelo potencial intuitivo na resolução dos problemas é uma das inúmeras evidências dessa mudança de visão.

Ademais, os Prêmios Nobel em economia conferidos a Daniel Kahneman, um psicólogo, em 2002, e a Richard Thaler, economista cujo interesse reside na psicologia da tomada de decisões, em 2017, são demonstrações definitivas de que o vetor de êxito em uma tomada de decisão, seja relativa à carreira ou a um investimento em um empreendimento milionário, não segue a pura racionalidade técnica. A partir de pesquisas que posteriormente vieram a se organizar como Economia Comportamental, esses estudiosos comprovaram os enormes efeitos de fatores psicológicos, sociais, cognitivos e emocionais nas decisões de indivíduos e instituições.

Enfim, paradoxalmente, em um mundo onde temos uma quantidade nunca vista de informações técnicas disponíveis para apoiar nossas tomadas de decisões em qualquer segmento em que decidamos atuar, verifica-se que o ponto de sucesso está em outro lugar. Onde? É o que nos dedicaremos a discutir aqui.

Como já afirmei anteriormente, o autoconhecimento e a autogestão (*self skills*) são fundamentais ao desenvolvimento do líder. Retorna sempre aquele antigo aforismo grego que diz: "Conhece-te a ti mesmo e conhecerás os deuses e o universo". Ou seja, está no próprio indivíduo o fundamento de todo o saber que consentirá, por consequência, sua realização integral.

Mas quando falamos em autoconhecimento no contexto deste livro, entende-se um processo de aprendizagem no qual busca-se compreender o próprio potencial de inteligência, ou projeto de natureza, bem como aqueles elementos que, gradualmente, em um processo de adaptação ao contexto social no qual o indivíduo nasceu e viveu, moldaram sua personalidade. Nisso tudo verificamos elementos, digamos, mais funcionais à construção de uma vida próspera, porém também constatamos elementos que agem sabotando sistematicamente a realização desse projeto de inteligência que somos. Nossa capacidade de autogestão evolutiva está justamente no compreender esses dois pontos: nosso projeto de inteligência e os modos de autossabotagem.

Por esse motivo, é fundamental falarmos sobre personalidade, sua estrutura e desenvolvimento, e sobre como ela pode ser uma das grandes chaves para a construção do sucesso pessoal e profissional. Essa certamente é uma temática densa, mas seguramente interessante. Por que interessante? Porque é um assunto que toca profundamente a todos nós e porque, ao final, nos permite saber o quanto o nosso modo de ser, nosso *mindset*, auxilia ou, por vezes, arruína a realização de nossas ambições. Posso lhe dizer com toda segurança que sua personalidade pode ser o fundamento e a garantia para o seu sucesso.

Muitas pessoas esperam o sucesso. Muitas até correm atrás do sucesso e da prosperidade. Algumas alcançam, e outras jamais chegam perto de conhecê-lo, isso porque, como já dizia Jim Rohn, "O seu nível de sucesso raramente excederá o seu nível de desenvolvimento pessoal, pois o sucesso é algo que você atrai pela pessoa em que se torna". Aqueles que me conhecem sabem o quanto gosto dessa frase. A reflexão de fundo é: será que o nosso esforço em nos tornarmos pessoas melhores é equivalente ao sucesso que queremos atingir? Às vezes, vejo pessoas que desejam conquistar o mundo, ter isso e aquilo, mas quando pergunto sobre o quanto ela está investindo na qualificação e no desenvolvimento de si, cai num vazio. Retomando: "O sucesso é algo que você atrai pela pessoa que se torna". "Pessoa" é uma palavra linda. No latim, se verificam duas etimologias, duas origens: "*Persona*" ou "*per se esse*". Particularmente, essa segunda definição é muito pedagógica. Pode nos auxiliar muito. "*Per se esse*": ser por si. Ser pessoa, então, é a capacidade de ser por si e para si. Capacidade de construção de si mesmo. É um conceito lindo, pois implica também amor e carinho por si. Implica construção da própria autonomia. Veja como se aproxima da visão de *self skill*. O grande psicólogo e psicoterapeuta norte-americano Carl Rogers dizia que não se nasce pessoa, nos tornamos pessoas, pois isso exige investimento, escolhas. Ele foi um grande humanista, foi um dos primeiros, com Maslow e Frankl, a falar sobre nossa necessidade de autorrealização.

Antes de falar sobre como a personalidade pode ser a chave para alcançar sua prosperidade, é importante vislumbrar o que ela é. Para isso, trago três conceitos, de concepções teóricas completamente distintas, mas que ilustram bem o que discutiremos:

- "Personalidade é um conjunto de padrões comportamentais. A personalidade é uma construção social." (Burrhus Frederic Skinner);

- "A personalidade pode ser conceituada como uma organização relativamente estável, composta de sistemas e moldes." (Aaron Beck);

- "Personalidade é a organização dinâmica, dentro do indivíduo, daqueles sistemas psicofísicos que determinam seus ajustamentos ao ambiente." (Gordon Allport).

Em síntese, pode-se compreender que a personalidade corresponde ao conjunto de comportamentos conscientes e pré-conscientes que caracterizam a pessoa. Quando alguém diz: "O Ângelo é assim", essa pessoa, de alguma forma, me caracteriza – fazendo-o, é claro, segundo sua percepção. Não necessariamente representa a totalidade daquilo que sou; mas já indica traços do meu modo de ser, características recorrentes em mim, aspectos da minha personalidade. Uma aproximação para ajudar-nos na compreensão é o conceito de *mindset*, ou modelo mental.

Podemos dizer aqui que nossa personalidade se evidencia como um *mindset*. Quando falamos em um modelo, temos uma forma que determina o modo de impacto com o mundo. Uma forma de ver a si mesmo e aos outros. É claro que o conceito de personalidade é mais amplo e profundo que a concepção corrente de *mindset*.

Nossa personalidade se constitui a partir das primeiras interações sociais da criança; interações no âmbito familiar, com amigos, na escola etc. **Ou seja, a personalidade não é algo inato, algo que nasce conosco. Ela é uma construção**. Esse conjunto de comportamentos que vão, gradativamente, caracterizando o sujeito, moldam-se principalmente até o sexto ano de vida.

A formação de personalidade vai ter impactos em todos os modelos de relação que o indivíduo desempenhar, seja nos negócios, na esfera social, afetiva etc. É claro que muitas dessas vivências depois na vida adulta não são recordadas, ficam inconscientes. A propósito disso, quando falamos de personalidade, devemos ter em mente que nossa realidade psíquica é composta por três estratos, ou três níveis: temos o nível consciente, aquele pré-consciente e o inconsciente. Quando não entendemos certos condicionamentos ou comportamentos que nos fazem agir de modo que, muitas vezes, geram sofrimento é porque eles estão enraizados na nossa dimensão inconsciente. Por exemplo: algumas pessoas vivem pressionadas por uma sensação de que aquilo que o outro pensa sobre ela é mais importante do que aquilo que ela mesma considera sobre si. Muitas vezes, não sabe dizer um não, porque teme que o outro "não goste de mim". Passam-se anos e perdem-se oportunidades de crescimento por uma atitude que é justificada como um "Não sei porque sou assim". Isso porque o conteúdo que impõe ao Eu essa sensação está radicado em nosso inconsciente.

Alguns elementos são determinantes na formação da personalidade.

1) Inicialmente, temos o potencial de vida, de inteligência, de Em Si ôntico que aquele indivíduo, por natureza, é. Uma aproximação pode-se encontrar no conceito de alma, segundo a antiga concepção dos gregos. Para definir o que movia os homens, diziam que existia um sopro (*anemos*), um princípio vital.

Por Em Si ôntico, entende-se o projeto base, o projeto de natureza que constitui aquele ser humano. É como a vida, a natureza, constituiu a inteligência daquele ser. É o critério base da identidade do indivíduo.

A compreensão desse projeto de natureza é fundamental, pois o homem produz autorrealização quando a sua ação externa, suas escolhas, são conforme o próprio Em Si. Agora, o desafio é identificar, no dia a dia, o que é conforme minha identidade de natureza e o que reduz essa identidade. Por exemplo, quando falamos sobre a importância de identificar o próprio *core business*, estamos nos referindo a essa identidade essencial que você é. Muitas vezes, identificamos em nós, desde pequenos, certa facilidade para algo, como para a música, ou ainda verificamos uma facilidade desde a escola com as exatas, enfim... Isso tudo não está desconexo com nosso Em Si, pelo contrário, são exatas manifestações do nosso potencial de inteligência, que é único e exclusivo. Se queremos realizar bem nossa vida, o primeiro ponto é compreender e cultivar nosso potencial. Eu brinco sempre que olhar demais para o jardim ou gramado do outro é negar a própria potencialidade.

2) Outro elemento determinante na formação da sua personalidade é o *modelo de relação com o adulto-mãe*. Aquilo que chamamos de *díade*.

Por adulto-mãe não necessariamente entende-se a mãe do indivíduo. Pode ser qualquer adulto que tenha sido a maior referência afetiva da criança; aquele adulto que sempre teve maior ligação com a criança na sua primeira infância. E esse modelo de relação vai ser um dos determinantes para a formação da personalidade. De certo modo, nós aprendemos a nos olhar pelos olhos como fomos olhados; aprendemos a nos amar como fomos amados. A tipologia de personalidade desse adulto de referência terá grande influência no desenvolvimento da personalidade da criança, na construção de sua autoimagem. Imagine que o adulto que foi referência na minha infância era uma pessoa feliz, que amava seu trabalho, que me recebeu com carinho e generosidade neste mundo; que meu lar transmitia segurança e acolhimento. Isso tudo contribuirá para a formação de uma personalidade mais segura. Agora, imagine o contrário. Quais seriam as consequências? Toda causa põe um efeito. É claro que estamos falando de algo muito complexo e que múltiplas são as concausas. Por isso, retorna a importância do autoconhecimento, o qual, convém sempre reforçar, é encarado, nessa perspectiva, como um processo de aprendizagem. E esta é a principal aprendizagem da vida: quem sou? Onde erro comigo? O que me faz realmente feliz? E essa aprendizagem não termina nunca; pois quanto mais sei de mim, mais alargo minha consciência, mais torno-me funcional na realização de meus objetivos, mais vivo a vida como uma linda experiência de prazer e realização.

3) Além disso, a situação afetiva, econômica e cultural familiar também vai influenciar no desenvolvimento da personalidade, uma vez que é esse contexto que vai moldando os traços que carregamos.

Vivemos em uma sociedade onde o dinheiro ocupa papel central nas nossas vidas. Então, também a relação com esse elemento contribuirá nessa construção de si. Existem robustos estudos de educação financeira, por exemplo, que correlacionam o modo como a criança lida com o dinheiro e a ideologia familiar acerca desse elemento. Certa vez, conduzi um trabalho de consultoria individual com um empresário que tinha como característica gerar muito dinheiro com seus negócios, mas se endividar mais ainda. E notoriamente isso era um mecanismo: a recorrência de comportamentos de erro no administrar sua economia era vistosa. Certo dia, disse para ele: "Você não gosta de dinheiro, além de ser refém dele". Ficou alguns meses sem retornar às consultorias, mas voltou. Trabalhando juntos, em determinado momento, ficou evidente qual era o movente até então inconsciente que condicionava aquele comportamento de autossabotagem. A superação do ciclo de autossabotagem não pode ser encarada como algo superficial ou uma reeducação apenas externa. O movente intencional do erro contra si mesmo deve ser investigado a partir do modo como operamos, ou seja, a partir das bases que sustentam nosso modelo mental. Nossa concepção de mundo e também de tudo aquilo que envolve a relação como a geração de prosperidade está muito veiculada aos modelos aprendidos na infância. Imagine, por exemplo, a situação de uma criança que cresce vendo os pais "lutando por dinheiro", reclamando que não tem uma vida boa "por causa de dinheiro". Ou ainda, situações onde os conflitos familiares se organizam "por causa do dinheiro". Quando adultos, podemos administrar nossas economias tendo como vetor uma motivação inconsciente que faz como que exista uma superficialidade na administração deste elemento ou mesmo uma rejeição inconsciente a ele.

4) Outro elemento que é relevante na formação da personalidade e que devemos ter presentes no processo de aprendizagem de si mesmo é aquilo que o Alfred Adler chamava de *Psicologia da Genitura*. Ou seja, os traços de personalidade, tendências comportamentais que se constituem pela ordem de nascimento no contexto familiar.

Sabe-se, hoje, que se pode observar tendências de comportamento de acordo com a ordem de nascimento. Não podemos esquecer que as primeiras pequenas ou grandes batalhas e disputas vivemos no contexto familiar. Ali aprendemos muitos jogos que levaremos para a vida.

Segundo estudos, o primogênito tende a proteger os outros; em outras situações, é o primeiro a comandar, pois se imagina como o primeiro responsável. Por vezes, tem uma tendência prepotente, generosa e, ao mesmo tempo, ingênua. Justamente pela situação de ser o primeiro, coloca-se como exemplo e desenvolve um alto nível de cobrança sobre si mesmo.

O segundogênito, por sua vez, tende a ter uma reserva crítica com qualquer pessoa ou situação. Geralmente, ele se desenvolve ao contrário do primogênito; uma vez que, quando nasce, seus pais muitas vezes vivem sua chegada a partir da comparação das vivências que já tiveram com o primeiro. Desde quando começa a falar, caminhar, a tendência natural é a comparação com o irmãozinho ou com a irmãzinha. Algumas vezes, o segundogênito pode se enxergar em uma posição de descarte; e para reforçar essa situação, às vezes, ele acaba por ficar com sobras de roupas, brinquedos etc. A comparação com o primeiro, frequentemente, faz com que a rivalidade na mente do segundogênito aumente ainda mais; o que pode fazê-lo estruturar na vida um estereótipo de compensação, em vez de um crescimento criativo.

Depois ainda, há o benjamim, o mais novo dos filhos, em geral, o terceiro filho ou o caçula. Esse tende a se fazer amado por todos. É sagaz ao desenvolver esse tipo de estratégia. Em geral, o benjamim cresce tranquilo na vida, pois aprendeu desde pequeno a achar o seu caminho entre os grandes que vieram antes dele e diplomaticamente cresce por conta própria, cativando a mãe e aos outros e, por fim, chegando de todo modo à sua realização.

E uma tendência bem comum atualmente é a do filho único que, por sua vez, tem dificuldade em calcular que, na sua vida, existem também outras pessoas; uma vez que, para ele, é natural que todas as coisas sejam suas, tende a ver o mundo como seu. Seguidamente observo também outro traço em alguns filhos únicos: baixa capacidade de resiliência. Frente a uma grande adversidade, ou não enfrentam, ou desistem ao primeiro obstáculo. Parece que, uma vez que na infância não precisava disputar tanto as coisas e em especial o afeto, não desenvolveu tanto essa capacidade.

Essa questão da Psicologia da Genitura, ou da ordem de nascimento, é infindável e muito interessante, prova disso são os milhares de estudos acadêmicos sobre o tema. Poderíamos, ainda, abordar outras configurações, como a psicologia gemelar, a particular psicologia dos gêmeos, mas deixaremos esse conteúdo para uma publicação futura. Duas informações ainda sobre a genitura; o primeiro aspecto é que ela deve ser considerada de acordo com o sexo da criança. Exemplo: em uma família com duas crianças, de diferentes sexos e com uma diferença de poucos anos, provavelmente ambos tenham traços de filhos únicos: o filho único menino e a filha única menina. Claro que, com a mudança nas configurações familiares, também esses estudos avançam.

O segundo aspecto ainda sobre genitura é que os estudos observam tendências comportamentais que podem se manifestar desses modos ou não. Vejam que usei muitas vezes a palavra "tendência", não por acaso. De todo modo, tudo isso são modelos, estereótipos aprendidos na infância e que podem ser qualificados, modificados, desde que se tenha conhecimento e se aja para fazê-lo. Digo sempre que, para mudar a si mesmo, conhecimento e ação devem caminhar juntos. Saber e não mudar... Por vezes, pode ser melhor nem saber. O conhecimento não atuado gera ainda maior resistência à mudança. Essa resistência à mudança, geralmente, é produto daquilo que chamamos de estrutura complexual ou complexo.

O *complexo* é o precipitado, o condensado, das inúmeras aprendizagens da infância e que ficam sedimentadas no nosso inconsciente. É como se um comportamento usado na infância para conseguir atenção e afeto se transformasse em uma estratégia de ação para a vida toda. Frente a novas situações na vida adulta, reagimos com modelos da infância. Nossa personalidade é coagida a agir segundo o padrão do complexo. Muitos de nossos medos infundados, nossas culpas injustificadas são coações do nosso complexo.

Por exemplo, podemos ilustrar o funcionamento do complexo relacionando-o à questão da genitura. Imagine um empresário ou um executivo que é filho único, oriundo de um contexto familiar no qual ele foi hipergratificado, ou seja, todas as atenções naturalmente eram para ele. Como não teve irmãos, não vivenciou pequenas batalhas como a divisão do afeto em família, o que ocorre naturalmente quando se tem outros irmãos. Mas vamos um pouco além: imaginemos também que essa criança é muito sensível, portanto, muito inteligente, ou seja, possui um potencial de natureza diferenciado. De outra parte, os pais não são pessoas que construíram uma vida realizada. Talvez não tenham encontrado o melhor emprego, talvez não sejam seguros sobre quem são, enfim, não vivem a plenitude de si mesmos. O nascimento dessa criança passa a ser o principal e talvez o único objeto de investimento afetivo desse casal. A própria relação de casal acaba subordinada à relação com a criança. Os anos passam e nas centenas ou milhares de circunstâncias cotidianas a informação inconsciente dada a essa criança é de que tudo é para ela, o centro das atenções é ela e, por consequência, esse aspecto passa a ser um elemento fundamental na constituição da personalidade dela. Lá pelos 6, 7 aninhos, alguns sintomas já começam a ser observados. Ela tem dificuldade de compartilhar brinquedos com os amiguinhos, já que era tudo para ela. Na relação com a comida, ela já tende a impor o seu repertório gastronômico, o que é acatado pela família. Ela escolhe as próprias roupas como quer, independentemente daquilo que é mais funcional para as circunstâncias. Ou seja, aquilo que poderia parecer uma autonomia de responsabilidade por trás esconde a ditadura do infantil. É certo que o pequeno ditador não se vê como ditador. Ele simplesmente segue a consequência natural de como afetiva e logicamente foi formatado. E por ser muito sensível e inteligente, é óbvio que ele também é sagaz e esperto no impor a sua vontade. Essa criança, hoje, é um adulto empreendedor, porém a passagem dos anos não é garantia de maturidade; e aquele núcleo infantilizado, por vezes, permanece ativo no inconsciente coagindo o Eu a proceder de determinado modo. Então, na atualidade, esse empreendedor tem no seu negócio uma série de dificuldades, tais como: se queixa por não encontrar parceiros, sócios ou executivos inteligentes como ele e proativos na construção criativa do negócio; possui um indicador alto de rotatividade na empresa; frequentemente se sente só e até com vontade de se desfazer do negócio. Enfim, as fenomenologias podem ser muitas. As explicações lógicas para tais problemas sempre estão na ponta da língua e tem-se explicação para tudo. Todavia, os problemas não se resolvem;

e não só isso, esses problemas são recorrentes. Ou seja, a parte infantilizada de si mesmo, não conscientizada e não compreendida, acaba depois por criar um circuito fechado que impede a evolução criativa daquele líder. No fundo, ele sofre fora por aquilo que constrói dentro. Claro que esse mecanismo é parcialmente inconsciente. Inconsciente, pois as vivências da infância criam traços de comportamentos que hoje são um mecanismo autônomo.

Dito isso, é possível perceber que o indivíduo estrutura a própria personalidade e tipologia de relação modulando-se sobre a tipologia aprendida na infância. Sabe-se hoje que a criança aprende seus primeiros modos lógicos e emotivos no interior das primeiras relações da infância. Muitas vezes, não desenvolvemos a nossa personalidade da forma mais positiva possível, mas devemos aprender com isso e ter a dignidade de mudar para sermos pessoas melhores para nós mesmos.

Para ilustrar, trago uma entrevista que a Gisele Bündchen deu ao canal americano CBS. Gisele, ao ser questionada pelo jornalista se o seu sucesso era devido apenas a sua aparência, incomodada, responde que o seu sucesso é devido a sua personalidade, uma vez que sempre dá o seu melhor em tudo o que faz e que está sempre 100% disponível para a tarefa que se propõe a fazer em determinado momento. Ao final, se queremos a liderança de nós mesmos e uma existência em prosperidade, precisamos ter a responsabilidade de rever nossa personalidade e verificar se nosso modo de ser efetivamente reforça nosso projeto de inteligência, nosso Em Si.

Capítulo 5

5. Autossabotagem: saber reconhecer e lidar com o que nos impede de ir além

*Até você se tornar consciente,
o inconsciente irá dirigir a sua vida
e você vai chamá-lo de destino.*
(Carl Gustav Jung)

Devo dizer que, para mim, este capítulo, este conteúdo pode ser um divisor de águas na compreensão que você tem de si, bem como na capacidade de gerar prosperidade na sua vida. Vamos falar aqui sobre o inconsciente e os **mecanismos de autossabotagem** e, para isso, faço antes um questionamento: você já parou para pensar que, muitas vezes, a ausência de sucesso, de êxito na realização de um projeto ou na construção de uma carreira pode ter uma causa inconsciente?

Por vezes, tem-se uma estrutura de sucesso, um projeto promissor, mas este não atinge o resultado esperado e, nesse momento, nos deparamos com a necessidade de mudanças, e é aqui que entramos em uma dialética: o que mudar?

No desafio do crescimento pessoal e profissional, verificamos que as pessoas até sabem o que deveriam mudar, mas seus condicionamentos, seus modelos de comportamento, seus medos e inseguranças acabam por vencer a batalha da mudança. E isso tudo tem relação com o desconhecimento do próprio processo de autossabotagem. Ou seja: o modo particular de ser, que é parte consciente e parte inconsciente, por vezes acaba impedindo uma trajetória evolutiva. Tecnicamente, observamos que as pessoas não avançam por serem condicionadas por uma *coação-a-repetir*, essa é a expressão técnica. Elas não avançam por serem condicionadas por um mecanismo psicológico que as pressiona a repetir modos de vida que se revelam não vencedores. Não conhecem efetivamente o próprio *mindset*, apenas "pagam" pelo que ele produz.

Mindset, para quem ainda tem dúvidas sobre o termo, pode ser compreendido como um modelo mental. Esse modelo pode ser mais aberto, otimista, próspero, abundante e, por consequência, gerar mais prosperidade e abundância; ou pode ser mais fechado, rígido, pessimista, medroso e pobre, o que gera também, por decorrência, cada vez mais medo e pobreza para o indivíduo. O circuito ou a trajetória produzida pelo próprio modelo mental pode ser virtuoso ou verdadeiramente desastroso.

O que eu quero dizer quando falo sobre pagar o que o meu *mindset* produz por não o conhecer? Se eu não conheço o meu modelo mental, se eu não sei como ele funciona, vou reproduzir isso o tempo todo sem perceber. Dessa forma, se tenho medo de tudo, por exemplo, se sou pessimista, sou assim com tudo, independentemente do projeto que tenho em mãos para executar: seja ele em uma multinacional ou na construção de uma carreira, eu vou reproduzir sempre o meu *mindset*, o meu modelo mental em tudo aquilo em que eu estiver inserido. É óbvio que, se o meu modelo mental é disfuncional, será um fracasso porque eu ajo constantemente desse modo, compreende? Devo ter em mente que meu modo de pensar constrói minha realidade. Infelizmente, temos uma ilusão de que os pensamentos não produzem realidade concreta...

Eu posso assegurar que são tão reais quanto uma mesa, e eles **produzem** realidade. Pensem, por exemplo, no conceito de ecossistema. Estamos falando de *mindset*, estamos falando do quanto o nosso pensamento produz realidade. O conceito de ecossistema nos ajuda a compreender um pouco disso. Um ecossistema é um sistema estável, equilibrado e autossuficiente. As florestas, os recifes de corais, um lago são todos exemplos de ecossistema. Metaforicamente, os nossos pensamentos são um ecossistema; são estáveis e produzem um equilíbrio em si. Quando eu penso na minha personalidade, mesmo que ela não seja produtora de crescimento para mim, ela tem uma estabilidade; mesmo que seja uma estabilidade na dor, existe ali um sistema fechado. Observe como funciona sua mente. Quando falamos em autossabotagem, falamos de um ecossistema mental que não produz evolução para o sujeito.

Neste capítulo, então, nosso objetivo é ensinar a você a força e o poder que o nosso inconsciente possui e como, muitas vezes, somos nós mesmos os causadores dos nossos maiores problemas. Quando pensamos em *self skills*, **a capacidade de identificar os próprios gatilhos de autossabotagem torna-se fundamental, em especial ao líder.**

Para dar início, é importante compreender o que é o inconsciente e de que forma ele atua. A nossa mente funciona de forma semelhante a um *iceberg*, onde o que é "visível", controlável, é apenas uma parte minúscula de toda uma estrutura. O inconsciente é tudo aquilo que o sujeito é, mas não sabe, não tem consciência. Meneghetti sublinha que o inconsciente é o quântico de vida e de inteligência por meio do qual nós existimos, mas não conhecemos, isto é, do qual não temos reflexão consciente; é uma parte da vida e da inteligência do homem. Ou seja, a dimensão inconsciente contempla nossa intuição, as percepções extrassensoriais, a dimensão da espiritualidade, a lógica intelectiva. Mesmo não sendo consciente age de qualquer modo, ou seja, existe uma dimensão enorme da nossa psique que age para além da nossa reflexão racional, para além da administração da nossa consciência. É importante entender que esse quântico é psíquico, isto é, age em toda a nossa dinâmica mental: nossas memórias, nossos pensamentos, nossas emoções; mas também é somático, ou seja, também influencia em nossa estrutura orgânica e funcional, nos nossos órgãos, no modo como nos locomovemos, em nossa saúde etc.

Segundo as principais teorias, entende-se que 80% da nossa psique é inconsciente. Para sermos mais precisos, podemos dizer que 80% da nossa realidade psíquica e corporal é inconsciente, ou seja, aquilo que pensamos, as nossas memórias, as nossas emoções, a escolha das nossas relações, a realidade dos nossos sonhos, os nossos medos, as sensações do nosso corpo e até mesmo a nossa realidade sexual. Tudo isso é determinado muito mais pelo nosso inconsciente do que pelo nosso consciente, que se acha o administrador de tudo. Fica óbvio então, que, principalmente para quem tem uma ambição de líder, para quem quer produzir uma trajetória de liderança, compreender mesmo que um pouco sobre o inconsciente é fundamental, especialmente porque está no inconsciente o melhor da nossa inteligência. E só podemos acessar, compreender e realizar nosso *core business* se conhecermos o nosso inconsciente. Por isso, uma das chaves da liderança é o autoconhecimento, um dos elementos centrais da visão que norteia este livro.

Dessa forma, pode-se afirmar a existência de um processo sistemático de erro contra si mesmo, ou seja, de autossabotagem, apenas se concebemos que não temos uma administração consciente de uma parte de nossa psique. Eu só posso pensar que existe autossabotagem se eu conceber que existe uma parte da minha psique que eu não administro e que produz e age: age produzindo coisas vencedoras, mas também pode agir produzindo erros.

Mas, para além daquilo que diz o senso comum, o que efetivamente é a autossabotagem e qual o impacto dela nos nossos projetos, empresa ou na construção de nossa carreira? É muito intrigante pensar que possa ser o sujeito o operador inconsciente da própria ruína... Mas como isso opera? E, melhor ainda, o que eu posso fazer para sair dessa lógica perdedora, se estou nela?

No início deste capítulo, afirmamos que, quando um sujeito não avança, não cresce, quando os seus projetos não dão certo e não tem clareza de seu escopo individual, isso se deve ao fato de ser condicionado a uma co-ação-a-repetir modos de vida não vencedores. Então, o que estou dizendo é que existe uma parte de nossa psique inconsciente que força nosso Eu consciente, que ingenuamente se acha autônomo, a agir como ela deseja. Ou seja, o meu Eu, cuja responsabilidade central é a decisão sobre tudo aquilo que diz respeito à minha vida, não é autônomo, não é patrão na própria casa. Claro que se eu sou uma criança, por exemplo, essa falta de autonomia é compreensível e até esperada.

Quando preciso decidir questões sobre a minha carreira, sobre os meus projetos, sobre os meus empreendimentos, que são esperados de mim enquanto adulto, é assustador pensar que eu não sou então o verdadeiro patrão dentro da minha casa, eu não sou o autor, eu não sou o autônomo administrador da minha realidade, não é mesmo? Mas é isso o que acontece: decidimos o mundo apenas com, no máximo, 20% do nosso potencial!

Isso ocorre porque, quando não me conheço, não tenho clareza de meus limites e possibilidades, não sei quais são os meus mecanismos de defesa, eu passo a ver fora de mim tudo aquilo que eu sou dentro. Por exemplo, eu vejo na minha empresa pontos falhos, pontos que não evoluem, vejo possíveis erros etc.; mas não consigo entender qual é a relação disso tudo, desses erros – sequer faço a associação de que aqueles erros são uma reprodução do meu modo de ser, do meu *mindset*.

Como dissemos em capítulo anterior: uma empresa é uma extensão do líder em sua totalidade, da forma como gere a si mesmo. Logo, o resultado da empresa é a soma das intencionalidades do líder, que acabam gradativamente por se formalizar, se concretizar nos projetos deste.

Por consequência, se você não vê, não busca resolver esses pontos na empresa, porque esses também são resultados do que você é e de como se constituiu. É quase como se você estivesse à frente de um projeto de mudar a si mesmo, isto é, mudar alguns aspectos do seu projeto significa mexer com a sua zona de conforto. Conscientemente você padece, reclama, as coisas não caminham, porém você não se dá conta de que, inconscientemente, você alimenta essa dinâmica de erro por incompreensão.

Segundo a visão de Meneghetti, os lados frágeis de um projeto ou de uma administração dependem sempre de pulsões caracteriais inconscientes, semeadas e construídas na infância por meio daquilo que a gente chama de *díades fundamentais do sujeito*. Vamos explicar.

"Díade" é um conceito central para entendermos o processo de autossabotagem. A palavra "díade" vem de dois, de par. A vida procede por díades. A relação dos pulmões com o ar, bem como a luz e a minha retina são exemplos de díades. O ponto central aqui é o que a gente chama de uma díade primordial, pois ela se relaciona com a formação da nossa personalidade. Se você quer compreender a sua personalidade, você precisa compreender o que é a díade e quem foi na sua infância o seu *parceiro diádico primordial*. Pode ter sido a sua mãe, seu pai, pode ter sido a sua avó, o seu irmão ou irmã mais velho(a) do que você, mas seguramente no início da sua infância você estabeleceu uma relação diádica, e essa relação é fundamental na formação da sua personalidade. Vamos aprofundar esse ponto agora.

Para compreender um pouco melhor a questão da autossabotagem, é preciso compreender, fazer um resgate de suas primeiras relações e de como é a personalidade daquela pessoa que foi mais importante para você nos primeiros 5 ou 6 anos de vida. A criança escolhe um adulto como parceiro diádico, que pode ser até uma cuidadora. Pense, por exemplo, em uma realidade na qual há famílias em que pai e mãe trabalham e a criança fica com a avó: pode ser a avó a parceira diádica. Ou nos casos em que a criança fica com uma doméstica ou com uma babá: pode ser que a criança escolha essa babá como modelo de vida.

Logo, a *díade* se estabelece quando existe uma forte ligação entre duas pessoas, uma relação afetiva bastante forte, uma relação entre a criança e o que chamamos aqui de *adulto-mãe*. O adulto-mãe é sempre aquele adulto que é maior referência afetiva para a criança, aquele adulto que criou uma ligação com a criança por meio do afeto, do zelo, do carinho; e essa díade é nutrida na infância também por outros adultos de referência, pelo contexto que está no entorno da criança.

O modelo de relação aprendido na díade, entre a criança e o adulto-mãe, passa a estabelecer um padrão de conduta para toda a vida. No início da vida, é como se a criança aprendesse a ver a vida pelos olhos do adulto-mãe, aprendesse a se amar por como foi amada, aprendesse a administrar o próprio corpinho por como foi cuidado por alguém. Pare para pensar o seguinte: hoje, nós sabemos amarrar o cadarço do sapato, nós sabemos escovar os dentes, nós sabemos nos lavar, nós sabemos nos enxugar... Só que antes de eu escovar os meus dentes, alguém os escovava por mim e alguém me ensinou a escovar os meus dentes. Antes de eu aprender a tocar no meu corpo no banho, alguém tocava o meu corpo no banho. Essas aprendizagens, que não são mais lembradas, conscientes, são basilares para aquilo que somos hoje. Quando eu digo "Eu sou o Ângelo", eu sou uma construção fundamentada principalmente a partir dos padrões estabelecidos na díade.

É nessa etapa – estamos falando dos 0 aos 5-6 anos de vida – que a criança aprende as principais estratégias comportamentais que ela levará para a vida. Os jogos afetivos realizados na vida adulta são, em grande parte, uma reprodução dos jogos aprendidos nessa primeira infância. Exemplifico novamente. Pense nos seus padrões de relação afetiva: quando você busca um parceiro, uma parceira afetiva, comece a observar que existem padrões no modo como você busca, no tipo de pessoa que você escolhe. A pergunta que fica é: mas quem escolhe é efetivamente a sua dimensão consciente ou existe uma dimensão inconsciente que se antecipa à decisão, na racionalidade consciente?

Você poderia dizer, "mas fui eu que escolhi, eu gosto desse tipo de homem, eu gosto desse tipo de mulher". Eu não conheço ninguém que se desenvolva sem, em algum momento, dar-se conta de que existe o inconsciente e ter a coragem de colocar em xeque o próprio padrão, ter coragem de, em algum momento da sua vida, fazer uma revisão da própria consciência. Com amor, com respeito por si, com carinho, com compaixão, colocar-se em xeque: "Por que eu gosto disso? É funcional para a minha identidade? Por que eu tenho esse tipo de medo constante? É funcional para a minha evolução? Por que eu acho que preciso desta relação? Eu quero empreender, mas por que eu não tenho coragem?". Ou seja, fazer essa revisão de como a sua consciência opera naquilo que é funcional e naquilo que não é funcional.

Voltando então à díade: os primeiros 6 anos de vida são fundamentais. Eu aprendo um padrão, estratégias que vão passar a ser *standard*, que vão passar a ser modelos para lutar no mundo. Pare para pensar o seguinte: não se trata de um processo fácil! Chegamos no mundo, somos pequenininhos, olhamos em volta e todo mundo é adulto e grande. É óbvio que eu vou ter que achar alguém para me ajudar; é óbvio que eu vou confiar nessas pessoas; e é óbvio que eu vou me moldar conforme essas pessoas.

Claro que, com o passar do tempo, nós esquecemos a maior parte dessas primeiras vivências, mas elas permanecem como padrões e constituem nosso modo de ser. Assim, quando a criança cresce, passa a fazer jogos inconscientes para manter esse padrão de relação afetiva; porque, por exemplo, tem medo de ser rejeitada ou ainda porque gosta do que essa relação proporciona. Outro exemplo: algumas pessoas não progridem porque não sabem se posicionar frente a uma situação de contraste, elas não sabem dizer "não" para ninguém. Essa dificuldade de dizer "não" remonta a um medo ou receio originado na infância e que hoje é um padrão inconsciente.

Dito isso, quando nós, indivíduos, somos formados com determinados condicionamentos, podemos desenvolver uma inibição, por exemplo, que nos impede de agir de acordo com o nosso egoísmo mais vital, com o nosso projeto de vida, com o nosso Em Si ôntico. Relembre. Nós dissemos que o nosso inconsciente no seu núcleo é extremamente positivo, essa positividade é determinada pelo projeto de vida que é ínsito, inerente a mim, uma ordem de vida. Se nós pararmos para pensar na natureza, verificamos que ela produz tudo dentro de uma ordem, e essa mesma ordem está em mim. Um exemplo muito simples: quando nós pegamos uma semente de uma laranjeira, nós colocamos na terra, uma terra adequada, nós regamos, nós cuidamos; depois que essa laranjeira é grande, eu não consigo encontrar de novo a semente. Entretanto, a inteligência daquela semente está ínsita, identificando e ordenando aquela árvore. Nós também temos uma inteligência nativa que é o que chamamos de "Em Si ôntico". É a dimensão daquilo que os antigos gregos entendiam como alma, aquilo que me anima.

Quando o sujeito não realiza o próprio projeto, o próprio Em Si ôntico, verifica-se que o modo como escolhe e conduz sua vida está em antítese, em contradição à dimensão do seu projeto de natureza. O sujeito, assim, atua sempre sob a ótica de sabotar o melhor de si e em hipótese alguma rompe a zona de conforto que esse condicionamento, que esse estereótipo lhe proporciona. Esse mecanismo atua em todas as esferas da vida: nas relações, nas emoções, na economia etc.

O que ocorre é que o nosso Eu decide baseado nos estereótipos e hábitos aprendidos nas primeiras relações da infância, na díade. Ou seja, seu Eu está mais comprometido em reproduzir modelos fixos do que atuar o melhor para seu projeto de natureza aqui e agora. Reitero: as relações afetivas mais fortes estabelecidas na primeira infância moldam a formação de nossos hábitos. As estratégias que usávamos para conseguir atenção das pessoas que nos cercavam acabam sendo repetidas constantemente por nós enquanto adultos. A estratégia que funcionava na infância para obter afeto e atenção, hoje inconscientemente, passa a ser o modelo utilizado para obter gratificação em outras esferas da vida. Porém, o que temos de refletir é que a vida de adulto é infinitamente mais complexa do que aquela da infância. Então, por óbvio, eu falharei; por óbvio, eu vou errar. Se em uma circunstância complexa da vida adulta, como escolher e fazer a gestão de uma carreira, negociar com um fornecedor, contratar pessoas ou fazer investimentos, eu trago junto o padrão da infância, é certo que vai dar errado. Essas são situações muito complexas.

Pense assim: uma criança filha única, o primeiro filho daquele pai e daquela mãe, quando ficava brava, fazia as suas teimosias, se jogava no chão quando ia ao mercado, fazia um escândalo e gritava; e a família, por carinho, por inexperiência, era aquiescente às estratégias daquela criança, ou seja, tolerava e não colocava limites em determinados posicionamentos da criança. Depois, já maiorzinha, ela reproduzia isso na escola. De vez em quando, levava alguns tapas dos coleguinhas; de vez em quando, levava uma advertência, mas a família ia administrando, sem que, em nenhum momento, a criança fosse confrontada com a responsabilidade de desenvolver a si mesma, a responsabilidade de construir o próprio valor. Isso tudo vai moldando a personalidade. E essas são coisas que podemos ensinar para as crianças. A responsabilidade é algo belíssimo a ser ensinado para uma criança e vai ser uma ferramenta para a vida inteira. A criança que sabe, por exemplo, cuidar das suas pequenas coisas, que é responsabilizada a lavar seu pratinho, arrumar sua cama, cuidar das suas coisas, organizar sua mochila... São essas pequenas aprendizagens que fazem, depois, a criança mais responsável, mais vencedora.

A criança do exemplo, voltemos, fazia as suas teimosias, e a família tolerava. Aquilo gradualmente torna-se um padrão que é mais ou menos o seguinte: "Está bem. Quando quero algo, faço o meu teatro: explodo, grito". Qual é o problema? Hoje, eu tenho 30 anos, estou em uma reunião de trabalho, estou em uma dialética, em uma discussão com um colega que é meu par; e os argumentos que eu coloco na mesa não são suficientes e não foram os argumentos acolhidos; então, eu estouro, faço um teatro ou, como eu não posso me jogar no chão, "viro o nariz", saboto o projeto ou deixo as coisas mais lentas, o meu time não engaja, porque no fundo eu estou desengajado, porque não foi o meu que venceu... Eu não me dou conta, mas eu sou uma criança em um contexto de adulto. Isso é autossabotagem! É você responder a uma situação de adulto com um padrão da infância.

Há uma parte nossa que quer continuar esse padrão, porque sabe que, em algum momento, funcionou. Isto é, nesse ponto, já estou mais acomodado, eu não tenho que me jogar no incerto. Mas crescer é se jogar na incerteza. Na sociedade, quem cresce, quem avança? Quem se joga na incerteza, quem tem a coragem e a responsabilidade de se arriscar para construir o próprio valor. Quem se propõe, se arrisca a fazer esse movimento, vive momentos lindos, incríveis; entretanto, vai vivenciar também muitos momentos em que será confrontado consigo mesmo e talvez pensará: "Será que eu consigo?". Mas é exatamente na superação dessas incertezas que você vai construir uma personalidade segura, capaz de sustentar grandes projetos; e não uma personalidade frágil que, às vezes, precisa usar da agressividade ou de outro artifício infantil para conseguir conquistar algo. As pequenas teimosias que a família aceitava a sociedade adulta não aceita.

Transpondo tudo isso para nossa vida econômica, negócios, carreira, **a autossabotagem parte de uma desinformação desejada**, isto é, o sujeito não se informa sobre aquele investimento, sobre o movimento que quer fazer, não porque seja preguiçoso ou não tenha formação técnica e conhecimento: na verdade, ele evita a forma natural do conhecimento naquele setor que seria fácil entender e persiste sobre uma pulsão que, ao final, é a desgraça contra si mesmo.

O que se nota é um amor infantil, uma *estratégia primária* para não causar prejuízo contra si mesmo. Em Psicologia, tratamos como estratégias primárias tudo aquilo que fazíamos na infância e hoje repetimos no automático como, por exemplo, uma birra, um choro, uma "chateação" etc. Tudo isso, esse processo de autossabotagem, no fundo, não é contra os outros. Eu não erro contra o outro, mesmo que às vezes possa parecer. O mal é sempre contra mim mesmo. Consequentemente, contudo, ele passa também àqueles que estão unidos ao operador, passa àqueles que estão dentro de um projeto comigo.

Aquele que produz mal ao outro, no fundo, o faz porque já arruinou a si mesmo; ou seja, eu preciso agredir o outro fora, porque eu não me suporto dentro.

Na autossabotagem, a desinformação ocorre porque a pessoa não colhe as informações de modo exato e escolhe somente aquilo que é conforme à própria convicção, e não aos dados factuais do contexto econômico-social no qual a pessoa se encontra. O sujeito procura a informação que gratifica a própria convicção infantil, mas não o fato econômico em si. A autossabotagem, então, ocorre quando o sujeito, na convicção de si mesmo, coloca em realidade causas concretas da própria frustração e perda econômica.

Isto é, na autossabotagem, eu acabo por formalizar, por concretizar, nas coisas que eu faço, a minha parte frustrada. Diante de tudo isso, sabendo que sou eu, muitas vezes, o operador da minha ruína, o que fazer? A chave é o autoconhecimento, ou seja, aprofundar o conhecimento sobre mim e mudar meu modo de agir. Logo, a fórmula que proponho é a seguinte:

MUDANÇA = CONHECIMENTO + AÇÃO FUNCIONAL

SELF SKILLS

"Saber sem agir, melhor não saber". Ação a esmo, sem saber, também é um risco. Por isso, faz-se fundamental essa díade, essa dupla: conhecimento (conhecimento principalmente de mim, conhecimento do projeto que eu quero desenvolver) e ação funcional, decisão. Mas por que há a palavra "funcional" depois de ação? Porque agir a gente age de qualquer modo o tempo inteiro – a vida é ação; só que *ação funcional* é aquela que é conforme a minha inteligência, o meu projeto, aquilo que mais gratifica, potencializa meu valor. O verdadeiro segredo de uma carreira, de um projeto, de uma empresa vencedora é ser capaz de agir autenticamente, conforme a inteligência que a vida nos deu. Ou seja, é ser capaz de uma autogestão evolutiva de si mesmo.

Porém, tudo isso só tem valor a partir da sua decisão e ação para a mudança. Esse movimento se chama *metanoia*. Essa palavra de origem grega significa mudar a mente. Significa reaprender a si mesmo segundo a ótica da própria identidade de natureza. Metanoia significa uma mudança nos seus comportamentos, usando como critério nesse processo seu Em Si ôntico, sua dimensão de alma.

Atualmente, se fala muito sobre autossabotagem, como também se fala muito sobre autoconhecimento. Só que não é simples, não é fácil adentrar na dinâmica psíquica que opera em nós e que faz realidade dentro de nós. Em especial, porque boa parte dessa dinâmica, como já dissemos, é inconsciente. Então, operar efetivamente autoconhecimento, compreender os elementos que mudam a nossa vida evolutivamente e agir de modo funcional não é uma tarefa simples[1]. Mas, devo dizer, é a principal tarefa de nossa vida.

Alguém poderia refletir: "Me diga, então, o que tenho que fazer para parar de me sabotar!". Eu arrisco a dizer que também esse tipo de mentalidade já é um processo de sabotagem de si mesmo e vou explicar de modo bem preciso. Não vou me furtar em provocar você com um

---

[1] Nisso tudo, um elemento importante é o processo de *consultoria individual*. Posso dizer tranquilamente que boa parte dos conhecimentos que embasam este livro nasceram dos processos exitosos de consultoria individual com lideranças empresariais, executivos e profissionais liberais. Nesse processo, com o auxílio de um profissional especializado, você poderá compreender, de modo mais profundo, quer sejam os padrões de erro que você utiliza, quer o núcleo do seu inconsciente, o qual, como dissemos, é o melhor da sua inteligência. O profissional é capaz de auxiliá-lo na identificação daqueles erros que fazem corrupção da sua consciência e evidenciá-los de modo que você possa recompor a exatidão do seu projeto de natureza; ou seja, de como a natureza o constituiu enquanto potencial e não apenas como a educação e a cultura moldaram você.

exercício que auxilia nesse processo e já entrarei nisso. Mas quero explicar antes por que esse tipo de racionalidade, esse tipo de questão, de demanda que coloca no outro a saída não é autoconhecimento e já é um processo de autossabotagem. Porque o autoconhecimento é justamente você se valer de instrumentos de forma autônoma – AUTOconhecimento –; é você operar a mudança. Então, você é o protagonista, você é o operador de mudança. Nesse tipo de pergunta, eu, no mínimo, tiro parte da responsabilidade da mudança de mim mesmo. Outro aspecto, e é esse o ponto que eu quero abordar e provocar, é que eu me desempodero do processo de mudança, eu me desempodero daquilo que Sócrates propunha. Eu me distancio da visão do "Conhece a ti mesmo e conhecerás o universo e os deuses", máxima socrática.

Retomando: neste capítulo, afirmamos que: (1) nós temos uma dimensão inconsciente e (2) esse inconsciente não é um repositório de traumas, de vivências não compreendidas, não bem vividas, mal interpretadas, ou seja, um local de confusão e de monstros. Existe essa dimensão, mas ela é muito pequena dentro do nosso inconsciente. O núcleo do nosso inconsciente é profundamente positivo e ativo. Está no nosso inconsciente justamente a dimensão que produz ordem, que produz evolução: uma ordem biológica e funcional, a ordem do funcionamento do meu universo celular, do meu universo endócrino, imunológico, cardiovascular, de todos os meus sistemas. Isso também é ordem funcional: o funcionamento ordenado do meu coração, dos meus pulmões, dos meus músculos etc.

Esse princípio mantém essa ordem orgânica, funcional, mas também mantém a ordem espiritual e psicológica. Espiritual e psicológica porque também é a partir dali que vem tudo aquilo que chamamos de intuição, como já dissemos; é dali que deriva o nosso intelecto, a nossa intuição, a nossa vontade. A verdadeira motivação parte desse princípio que está no nosso inconsciente. Devido a isso, me atraio por algumas coisas mais do que por outras: essas coisas pelas quais me atraio fora estão em identidade com meu princípio de inteligência. Por isso que eu posso falar, por exemplo, de vocação. Porque a vocação é aquela ação fora, aquele campo profissional, por exemplo, que é em conformidade com a minha identidade, me produz prazer, me causa alegria: existe uma conexão entre o que eu faço fora e o que eu sou dentro. É por isso também que, em algumas atividades, eu entro em *flow*, ou seja, eu gosto tanto de fazer aquilo que eu nem noto o tempo passar.

Voltando: eu tenho esse princípio em mim, que é um princípio ordenante, que é um princípio inteligente. Este é o ponto fundamental! Então, é importante que o Ângelo dê exemplos práticos? É importante! É importante que eu tenha estratégias práticas para superar as minhas autossabotagens? É importante! Mas o mais importante de tudo é eu me empoderar, é eu compreender, convergir o meu Eu a tentar compreender como é essa minha identidade inconsciente, esse meu princípio ordenante, esse meu projeto de inteligência. É a partir desse princípio que se dá a passagem da resolução dos meus problemas, a passagem evolutiva da minha vida.

Se, ao longo deste texto, fiz bem a minha tarefa e você fez bem a sua tarefa de leitor, ou seja, eu me empenhei em utilizar este espaço, este momento para ser um agente de informações de valor para a sua identidade de natureza, para o seu princípio; se fui um bom mediador de um saber de valor que toca a sua identidade e, por outro lado, você se empenhou, se dedicou, ou seja, estava inteiro aqui enquanto lia e interagia com o texto, esse princípio, sua inteligência de natureza, ao tocar o conteúdo, ao interagir com essas informações, automaticamente propõe soluções, propõe *insights* evolutivos, ideias, resoluções.

Esse movimento da nossa inteligência funciona da seguinte forma: durante esta leitura, você teve uma série de *insights*, uma série de impressões. Por exemplo: "Ah, posso fazer isso para mudar! Ah, não dá mais para falar com aquela pessoa... Ah, preciso investir naquilo, preciso tomar coragem e fazer isso" etc. Isso não são apenas ideias. Você não teve que, racionalmente – essa é a passagem fundamental – construir essas imagens, essas ideias, esses *insights*. Elas vieram como intuições, como passagens ao natural.

Mas o que normalmente nós fazemos no dia a dia quando vêm essas mensagens, que são passagens evolutivas? Nós as jogamos no escaninho do nosso inconsciente, do nosso pré-consciente, da banalidade da nossa vida e ficamos com as nossas pequenas obsessões cotidianas. Só que é exatamente ali que o seu princípio de inteligência está operando. É a sua inteligência que está operando o processo de mudança, que está fornecendo ao Eu consciente diretivas de ação funcional para sua evolução pessoal e profissional.

Só que nós normalmente fazemos um movimento de desempoderamento. Nós não escutamos, não analisamos, banalizamos essa informação e depois queremos acessar nossa autorrealização. Se quero o melhor de mim mesmo, preciso empoderar essas pequenas e sutis informações, porque as informações da nossa parte complexual, da nossa parte infantil, são muito diferentes dessas informações sutis. As informações que nos condicionam e que nos fazem não evoluir são obsessivas. Elas estão sempre ali martelando, martelando, martelando, como uma culpa, como um medo, como um "Ah... eu deveria ter feito diferente", "Ah... não dá certo", "Ah, eu não consigo", "Ah, eu sou impostora", "Ah, eu não mereço isso...". Isso é obsessão, isso é complexo, isso é sua parte infantil que quer que as coisas continuem sempre do mesmo modo.

Agora, a dimensão do seu Em Si, a dimensão do seu projeto de natureza é muito mais sutil. Ela é uma dimensão estética, é uma dimensão de amor, é uma dimensão de alegria, é uma dimensão de abertura. Então, eu também tenho que refinar a minha relação comigo mesmo. E entra aqui a importância do estilo de vida[2]. O estilo de vida é o refinamento fora, para fortalecer a minha identidade de natureza que, por constituição, já é estética, que necessita dessa fruição, desse ambiente mais adequado; e é óbvio que, quando eu tenho uma ordem externa, ela favorece o meu Eu a ter mais sensibilidade para perceber as intuições, para perceber esse mundo mais sutil, e esse mundo da sua alma é sutil.

Um exemplo: imagine que você está dentro da empresa, está tentando resolver um problema. Se você está dentro da obsessão, quem vai operar será sempre o seu complexo, seus comportamentos fixos da infância. Agora, suponhamos que tenho um problema difícil que não estou conseguindo resolver. A melhor alternativa é retirar-me e ir tratar de outra questão. Me retiro um pouco, ou vou fazer outra atividade; e, quando eu menos esperar, se estiver atento a

---

2 Dedicaremos um capítulo específico à questão.

mim mesmo, a solução vem, vem a passagem que vai ser útil. A solução é um sopro sutil, a intuição é um *flash*, ela é doce e sutil. Muito diferente da obsessão que é repetitiva, que martela e coage o Eu.

Outra questão: quando estamos no contexto do trabalho, quando se está em uma reunião e se precisa resolver um problema, existe a presença da angústia de todos os envolvidos. Então, muitas vezes, se cria um *superego*, uma pressão que tolhe, que corta a capacidade de intuição do líder, que tolhe a capacidade criativa e entramos na obsessão. A este ponto, entramos na lógica do número, somos impactados pela coletividade, o que pode dar certo, mas pode, muitas vezes, não dar certo. Por isso, faz-se necessária a introspecção, a atenção a si mesmo, à própria intuição. A dimensão da intuição é infalível, porque a natureza prevê a ordem, prevê a infalibilidade. Mas é preciso saber ouvir.

Quando falamos em *self skills*, acho importante fazer esse aceno e reiterar que buscar solução no outro, buscar um tipo de receita de bolo é já estar fora da própria identidade. **O líder é aquele que, na solução de**

um problema, pode ouvir todos, mas na sua decisão é sempre solitário. Porque é a intuição a verdadeira fonte das soluções para um verdadeiro líder.

Por fim, não irei me furtar de dar alguma orientação prática sobre como avançar no trabalho de identificação dos próprios mecanismos de autossabotagem. Uma das formas que podem apoiar você objetivamente é começar a perceber quais hábitos seus não são funcionais. Anote e perceba em quais momentos você os utiliza; pois, quando somos sinceros conosco, sabemos aqueles pontos que não funcionam para a boa condução de uma vida com valor. Porém, há uma parte da nossa personalidade que insiste em manter aquele hábito, aquele modo de ser. É ali que a autossabotagem é gestada e gradualmente passa a determinar nossa vida. Quando sei o que devo mudar e não mudo, a parte mais infantil de mim mesmo se fortalece e, ao longo dos anos, perco até a capacidade de ver esses pontos de autossabotagem. Então, ao identificar tais hábitos, comprometa-se consigo, comprometa-se com a mudança.

Capítulo 6

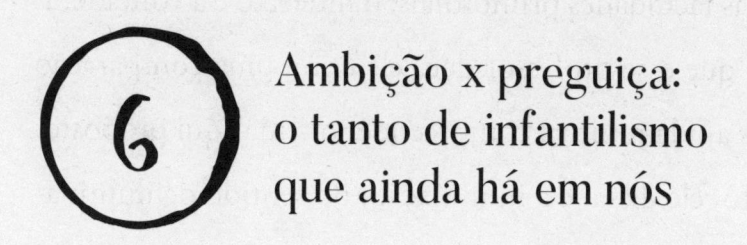

6. Ambição x preguiça: o tanto de infantilismo que ainda há em nós

A preguiça tolhe a inteligência e, também, a oportunidade.
(Antonio Meneghetti)

O título e o assunto deste capítulo são provocadores, e com uma utilidade extremamente prática para desafios do nosso dia a dia. Entretanto, pensei em começar nosso diálogo com um aceno filosófico. Lembrei-me de uma aula de um grande professor de Filosofia, em quem me inspiro muito, que propôs uma analogia utilizando aquilo que chamamos de "faculdades da alma". Para quem não sabe, em Filosofia, mais especificamente em Ontologia, que é a parte da Filosofia que se detém a compreender a lógica do ser, considera-se que a nossa alma tem duas faculdades primordiais: o intelecto e a vontade. E na aula que esse professor deu, ele criou uma comparação que nos ajuda muito a compreender o tema aqui proposto. Intelecto, ele dizia, é a iluminação, no sentido de iluminação da consciência, de geração do conhecimento que esclarece, que permite compreender quem somos, qual é o nosso lugar neste mundo, como construir a nós mesmos. De outra parte – e é esse ponto que nos interessa em particular –, ele dizia que a vontade enquanto faculdade da alma se manifesta também como ambição, e essa é o impulso que nos provoca à autorrealização. Ou seja, a ambição é justamente a mola fundamental para o nosso desenvolvimento, é a dimensão da concretude, a dimensão histórica, fundamental, pois como dizia outro filósofo: "De nada serve a inteligência sem a ambição".

A vida pode ter lhe dado uma inteligência extraordinária, mas se você não entra a fundo nas situações, não decide, não age, não vai realizar na história aquele potencial de inteligência que a vida lhe deu. Quantas pessoas que conhecemos e sobre as quais pensamos: "Meu Deus do céu, tão inteligente... Podia fazer tantas coisas!"; ou pessoas que são ótimos alunos, tiram as melhores notas na escola, mas depois, na vida adulta, quando é necessária a ação, a concretude da própria inteligência por meio da ambição, acabam tendo uma vida muito menos próspera do que outros que até não tinham notas tão boas, mas, na vida de adulto, foram para a ação e construíram a si mesmos.

Então, a ambição, esse é um ponto fundamental, não é escolha do Eu, mas é uma manifestação da alma. Se eu sigo a minha ambição, eu tenho o endereço da minha realização. Explico: se você tem vontade de fazer algo, por mais absurdo que seja, está ali, em alguma medida, o seu endereço de autorrealização. Está ali o endereço do seu *core*. Pensemos juntos: quantas pessoas, quantas crianças botam na cabeça que queriam ser astronautas e depois, na vida adulta, se tornam um grande aviador? Ou são fascinadas, se apaixonam por *ballet*, sem nenhuma interferência cultural familiar, e quando adultas se tornam uma primeira bailarina ou um primeiro bailarino? Enfim, já existia dentro de si a semente, o endereço...

Como o nosso Eu, muitas vezes, infelizmente, está perdido em confusões, às vezes não escuta essa ambição. É claro que, para realizarmos nossa ambição, nós precisamos de empenho, responsabilidade e coerência, o que não ocorre por vários motivos, e dentre eles está a preguiça. Eu recordo uma grande frase do nosso escritor Machado de Assis: "A vontade e a ambição, quando verdadeiramente dominam, podem lutar com outros sentimentos, mas vão sempre lhes vencer, porque elas são as armas do forte, e **a vitória é dos fortes**". A vida é de quem faz, a vida é dos fortes que agem. Logo, a ambição é o impulso que nos provoca à autorrealização, é uma necessidade de alma, que impele à construção, como se fosse uma voz que nos diz: "faz", "faz", "faz".

Entretanto, muitos desejam determinados resultados, mas não agem. Por quê? Porque existe o elemento da preguiça... Isso mesmo! Mas, do ponto de vista psicológico, o que é a preguiça?

A ambição e a preguiça colocadas juntas dão o infantilismo à vida. A preguiça é o eterno desejo inconsciente ou pré-consciente de reviver as pequenas gratificações da infância: tinha que se levantar para ir à escola, mas ficava na cama com a conivência de outros; tinha que organizar os próprios estudos ou arrumar o próprio quarto, mas não era responsabilizado a fazê-lo; mais adiante, tinha que batalhar para conquistar a parceira ou o parceiro, mas nem para isso tem força, pois é preguiçoso até no afeto e passa a vida fazendo o teatro do eterno *bambino!* Um Eu preguiçoso no fazer a si mesmo é uma eterna criança, ou seja, um eterno homem ou eterna mulher que procura que alguém resolva as coisas para si. Não se responsabiliza pela construção da própria jornada. Quer as coisas, mas não age e justifica a frustração por não realizar, a frustração oriunda dessa não ação nos outros, na sociedade, na empresa, no líder etc.

E, por óbvio, essa é uma lógica que não cabe no mundo da liderança; pois, como produto dessas ações, como produto desse mover-se preguiçoso, você tem o infantilismo. Por exemplo, nós falamos tanto de zona de conforto, de que nós precisamos sair dela e de que a zona de conforto não permite crescer... Só que nós não atacamos a raiz, uma vez que **a zona de conforto não é outra coisa que um**

agir infantil consigo mesmo, o modo infantil de administrar o próprio potencial.

Infantilismo, então, é pretender méritos, reconhecimento sem a ação responsável para tanto. É a lógica de que "Os outros não me reconhecem, os outros que não me entendem, os outros que não me compreendem"; é querer jogar no mundo de quem faz, querer jogar no mundo de quem constrói sem se empenhar com coerência e responsabilidade. E voltamos à palavra responsabilidade. O que é responsabilidade?

Responsabilidade, do latim *respondere*, é justamente a nossa capacidade de responder às necessidades do próprio íntimo – à nossa ambição – e ao social – à ação histórica. Responsabilidade, portanto, é a capacidade de você ser um adequado mediador e responder àquilo que seu íntimo, a sua ambição deseja; bem como àquilo que demanda o social, as oportunidades do social, as circunstâncias do social. Nós podemos até dizer que a responsabilidade é justamente o antagonismo daquilo que aqui nós estamos chamando de infantilismo. A responsabilidade é, então, o antagonismo, o oposto disso. Uma pessoa que se responsabiliza pelo próprio valor pode até errar contra si, mas gradualmente corrigirá e encontrará a própria estrada de valorização e de construção do seu potencial. O líder ou aquele que deseja construir-se como líder, que sente que pode, que deseja o universo da liderança, não pode passar a vida conjugando, contemporizando ambição e preguiça. Sente que pode fazer, mas não faz; quer, mas não age; quer, mas quer que reconheçam que ele é bom. Uma pessoa que passa a vida esperando que o outro reconheça a si é um infantil.

Então, o líder é aquele que centra o seu ponto e vai: trabalha, se empenha, constrói, estuda, se escuta, escuta também aqueles que sabem construir, pois a fortuna de um homem é sempre um outro homem, desde que você saiba escolher, desde que você saiba escolher a quem ouvir, em quem se espelhar e a quem admirar. Retorna aqui outro ponto que já trouxemos: "Somos a média das cinco pessoas com as quais mais convivemos". Logo, é evidente que se eu quero construir minha liderança, eu centro meu ponto, quero fazer isso e vou. Trabalho, me empenho, busco relações vencedoras, relações funcionais, espelhos que vencem.

O assunto é muito sério, mas vou abrir parênteses, tendo em vista que estamos vivendo a "era dos memes". Outro dia, eu vi um meme que era mais ou menos assim: "Se você quer uma Land Rover, não peça conselhos para quem tem um Fiat Uno". É simplório, mas é um fato. Como você vai pedir conselhos sobre uma estrada vencedora para alguém que só sabe dar conselhos, não constrói nada? Ouvir tem suas limitações, pois o relato do outro é sempre uma projeção. Há coisas que se constroem, algumas só se aprende depois de feito. E aí ensina inclusive pela sua evidência de sucesso: você é uma evidência de sucesso, você é uma presença de força que realiza. Então, se você quer construir, encontre outro líder que é uma presença de força, que realiza... Saber escolher a quem ouvir requer sabedoria e maturidade. Pode ser que esses exemplos sejam pessoas difíceis, pode até ser uma pessoa que tem lá a sua personalidade um pouco forte, mas não é isso o importante. O importante pode ser um exemplo de realização para mim naquele âmbito que me interessa. O líder tem um compromisso com o próprio avanço. Ele tem um compromisso com a própria ambição. Ele é um eterno construtor de si: cai, levanta, segue, age, não fica a criticar, a reclamar como fuga, como projeção do próprio infantilismo.

Retomando: ambição é a intenção da alma; é produto da intencionalidade do próprio Em Si, do projeto natural que constitui; é o endereço do meu sucesso. A preguiça, por sua vez, é aquele mecanismo que gera e alimenta a minha zona de conforto; é produto dos meus estereótipos, das minhas gratificações infantis, dos meus complexos, de todo aquele mundo de fixações geradas pelos modelos afetivos da minha primeira infância. O que ocorre com essas gratificações infantis, que depois geram padrões de respostas, que por óbvio são infantilizantes?

Ocorre que o adulto, por compensação ou por achar que está fazendo o melhor para aquela criança, por vezes, gera um ambiente que moldará um Eu avesso à natural luta para a construção. Ou seja, aquela criança que foi hipergratificada, depois, enquanto adulta, quando está frente a uma dificuldade, em vez de usar suas forças para superá-la, resgata o velho mecanismo da infância e vai buscar o mesmo tipo de apoio, o mesmo tipo de psicossomática. Vejamos alguns exemplos. Eu tenho uma dificuldade. Ao enfrentá-la, desencadeia-se em mim uma dor de cabeça insuportável. Ou tenho uma oportunidade de trabalho que é ruptiva, que vai me gerar um crescimento enorme, mas é óbvio vai me gerar um pouco de insegurança, ou um pouco de medo; então, pego uma carona e chego atrasado em uma entrevista. Claro que existiram sempre as justificativas: "porque naquele dia o trânsito estava terrível", mas todo dia você faz aquele trânsito, por que não fez o cálculo? Ou seja, esse elemento da autossabotagem está presente constantemente. É alguém que está dentro de uma dinâmica infantilizada, de uma dinâmica de preguiça, sua vida está toda dentro de um mecanismo de autossabotagem.

Mas como que eu posso romper esse ciclo vicioso da preguiça que eu sinto em mim, que ainda está presente? Eu tenho 40 anos, 30 anos e entro em uma dinâmica de preguiça, já tenho as minhas "zonas francas de preguiça", como rompo com esses ciclos?

Um conceito que é muito importante para a concepção que defendemos aqui é o **miricismo cotidiano**, mas o que é isso? Miricismo cotidiano são todas as pequenas ações que nós realizamos no nosso cotidiano. Nós ganhamos ou perdemos a nós mesmos pelo modo como conduzimos o nosso pequeno grande cotidiano: as nossas relações afetivas, a nossa higiene pessoal, o nosso cuidado com a estética pessoal, a nossa alimentação, o cuidado com o corpo, o nosso zelo com o sono, enfim, tudo isso faz parte do nosso miricismo cotidiano. Se eu tenho atenção às pequenas coisas do meu cotidiano, diminuo de maneira muito expressiva aquele espaço onde estou "largado ao léu", onde estou ausente de mim mesmo, onde se dá a autossabotagem e onde reside a preguiça.

Agora, é óbvio que se você nunca ouviu falar de miricismo cotidiano pode até achar que isso não tem nada a ver com uma construção de uma vida de liderança. Você pode achar que isso não se relaciona com a construção da sua liderança. Contudo, vejamos: se nós pegarmos, por exemplo, a questão do sono e de tudo aquilo que envolve a relação de ir dormir... Você, por acaso, já pensou que talvez a cama seja o local em que passa o maior tempo do seu dia? E ainda mais do que isso, você já parou para pensar na qualidade do seu sono? Eu costumo brincar com os meus clientes que nós começamos a ganhar o dia não quando acordamos, mas quando vamos dormir. Ou seja, existe aquilo que a gente chama de **ecologia do sono**: como você se prepara para descansar; como prepara, cuida daquele ambiente, que aroma, que tipo de roupa de cama, que objetos e sons o perpassam. "Mas, Ângelo, eu sou ainda um jovem, ainda não tenho meu espaço, não tenho poder aquisitivo para investir nisso!". Sim, mas sempre é possível fazer o melhor com aquilo que se tem, naquele momento em que se vive. Trata-se de uma questão de compromisso consigo mesmo.

Você não é um objeto, você é um ser inteligente; e a **sua inteligência se revela na gestão do seu cotidiano**: esse é o ponto. "Os verdadeiros grandes sabem fazer pequenas coisas de modo superior". Se você é alguém que se abandona, não é inteligente; se você não zela pelas suas relações, não está sendo inteligente; se você se deixa transitar por aqueles amigos que não são mais funcionais para a sua evolução, porque sente necessidade de tê-los por perto, não é inteligente. Se você não sabe hierarquizar, sabe defender seu próprio egoísmo, não alcançará os resultados que espera, nem será tudo aquilo que a natureza o criou para ser.

Capítulo 7

7   O líder e as relações: não somos uma ilha

Trata-se de estar em meio aos outros sem nunca sair da própria intimidade: em meio ao mundo, mas não do mundo; sempre com os outros, mas sem sair de si mesmo.

(Antonio Meneghetti)

Somos eminentemente uma espécie gregária; somos sociais. Vivemos cercados de pessoas o tempo todo. As relações que desenvolvemos com elas passam a interferir de forma direta e indireta na nossa vida. Por isso se diz: "Ninguém é uma ilha". Quando refletimos sobre o desenvolvimento da capacidade de gestão evolutiva de nós mesmos como um ativo fundamental para a construção da própria liderança, devemos ter em mente que o aspecto relacional está no centro de tal competência. A gestão exitosa das relações depende essencialmente de como se posiciona nossa personalidade no social.

Dessa forma, pode-se dizer que a arte de construir bem a si mesmo e realizar com sucesso os próprios projetos depende também da boa administração das relações. Por relações, entendemos desde aquelas mais próximas, como a família e os amigos, até as mais casuais.

Nosso objetivo, aqui, ao posicionar a capacidade de estabelecer relações evolutivas como uma *self skill*, é deixar clara a importância das relações, de que modo essa capacidade pode ser desenvolvida, bem como destacar a relevância de se ter autonomia dentro delas e como mover-se, para que se possa crescer e se desenvolver com base nas relações que você possui ou que virá a possuir.

A polêmica frase de Jim Rohn, com a qual você pode discordar, ao menos faz refletir: "Somos a média das cinco pessoas com quem mais convivemos". Mais do que uma frase de efeito, existe uma sabedoria profunda nessa afirmação. Qual é a ideia que está por trás dela? É aquela de que existe uma correspondência de *mindset* entre você e as pessoas com as quais mais convive. Claro que possuímos uma dimensão inconsciente enorme, que é operativa também no modo de selecionar nossos relacionamentos, como já assinalamos aqui. Porém, o fato é que somos responsáveis pelas nossas escolhas relacionais. Por exemplo, se você está junto de pessoas mais reativas, que não possuem uma visão positiva da vida, por exemplo, que reclamam que tudo é difícil, que nada vai bem, pessoas que dizem o tempo todo o quanto é difícil construir uma carreira ou ter dinheiro, esse pensamento, em pouco tempo, vai habitar o seu modo de pensar, pois existe uma dimensão em você que se alinha a esse *mindset*. Reitero: somos nós que escolhemos nossas relações. O *contrario sensu* também vale: se você nutre relações com pessoas que possuem um *mindset* de crescimento, com uma visão mais construtiva e positiva, esse também será seu *drive* de compreensão do mundo.

Certamente, a frase de Rohn nos remete à inalienável responsabilidade pela escolha das nossas relações. Porém, tem outro aspecto que dificilmente é abordado, mas que é um diferencial na visão que trago para você nesta obra, ou seja, temos dentro de nós a realidade do inconsciente. Nesse inconsciente, como resíduo das primeiras aprendizagens da infância, temos nosso complexo (falamos sobre ele no capítulo sobre personalidade). É o complexo que nos força a sermos sempre do mesmo modo. Por isso, muitas vezes, quero mudar e não consigo, ou tenho dificuldade. Esse complexo determina uma seleção do mundo. De modo inconsciente, eu só seleciono aquilo que é cômodo ao complexo. Dessa forma, eu também escolho as relações segundo essa orientação inconsciente: só escolho as relações que são cômodas ao meu complexo e nunca aquelas que vão me desacomodar, me contestar e me provocar ao crescimento.

Nosso objetivo aqui é apontar a relevância das *self skills* para a construção da liderança. Um líder, em qualquer campo, está sempre em crescimento. Assim, não é inteligente investir somente naquelas relações confortáveis, ou seja, com aquelas pessoas que sempre concordam conosco, uma vez que é na relação que me contrapõe, que me desafia, que eu me desenvolvo e cresço.

Quando estamos falando de administrar as próprias relações, significa compreender e, por vezes, mudar alguns estereótipos de comportamento. Por exemplo: a permanente necessidade de estar com alguém, ou seja, não saber ser só; a necessidade de falar tudo para todos; a dificuldade de dizer "não"; a necessidade de ter sempre razão nas relações, entre outros aspectos.

É importante perceber que, desde a Antiguidade, sabe-se o quanto é importante cultivar momentos de solidão para que se tenha uma reflexão mais profunda sobre si mesmo e sobre as relações. Contudo, a nossa sociedade criou um estereótipo negativo sobre a solidão, segundo o qual devemos estar sempre cercado de outras pessoas. O grande filósofo Zygmunt Bauman diria que isso é fruto da "insuportabilidade de si mesmo".

Pensando na relevância da nossa capacidade de estabelecer relações evolutivas, abre-se a questão sobre o entendimento e o posicionamento nas relações. Existe uma lógica precisa que consente o melhor posicionamento de si mesmo. Para ilustrar o mundo das relações no qual estamos inseridos, imagine uma pequena esfera: no centro está você, o indivíduo. Essa primeira relação é aquela que eu mantenho com os meus pensamentos, as minhas memórias, minhas emoções, minha inteligência, minha integridade orgânica (saúde) com o mundo que se dá dentro de mim.

Agora, imagine uma segunda esfera, maior que a primeira, que fica no seu entorno. Essa é a dimensão das relações afetivas, na qual estão compreendidas as suas referências afetivas, sexuais, de amor e amizade; aquelas referências de valor absoluto, como família e amigos.

Uma terceira esfera, maior e mais distante do centro, é a das relações de trabalho e estudo. Aqui, estão discriminados os nossos colegas de trabalho, de universidade, colaboradores, sócios etc.

Para fechar o ciclo das relações, temos um último círculo, que é a esfera social, e este envolve as leis e normas da sociedade. Está incluído nela o mundo dos negócios.

Uma vez apresentada essa estrutura do indivíduo em sociedade, nas relações, como se posicionar com inteligência nas diferentes esferas ou dimensões da vida? Cada dimensão tem a sua precisa lógica. A relação comigo mesmo responde a uma lógica, a relação dos afetos à outra e assim por diante. O nosso erro começa quando confundimos as lógicas. Na atividade empresarial, muitas vezes, um líder coloca-se em problema ao administrar seus colaboradores com uma lógica puramente afetiva familiar, por exemplo. Mas para termos sucesso na construção de nossos projetos, é fundamental sabermos ter uma proporção entre essas quatro dimensões apresentadas. Isso sem falar que a lógica usual é projetar quase sempre a responsabilidade pelas problemáticas. A proposta que trago aqui é diferenciada e nos permite um ângulo de reflexão distinto para a tomada de decisão ou identificação da solução de um problema.

Inicialmente, ela assinala a nossa responsabilidade individual na construção de projetos de sucesso. Quando algo não vai bem, o senso comum, muitas vezes, tende a colocar em primeiro lugar as razões do erro ou problema na esfera social, no Estado, nas mídias, nas instituições;

depois, na esfera do trabalho ou familiar. Quase nunca ou até mesmo nunca é feita uma responsável revisão sobre si mesmo. O problema é sempre o outro.

Outro aspecto que essa visão traz é uma guia na relação de si mesmo com os outros. Aqui, a palavra-chave é a **autonomia**. Autonomia corresponde à liberdade com responsabilidade. Autonomia é um ótimo critério para tomadas de decisão nos contextos relacionais. Saber perguntar-se dentro de cada relação se tenho espaços de autonomia. Autonomia significa a capacidade de criar as próprias regras de vida de modo evolutivo. E aqui nos referimos à autonomia afetiva, econômica, psicológica e social. Por exemplo, se não temos autonomia econômica, certamente estaremos sob empréstimo.

Somando o conhecimento acerca das diferentes esferas ou dimensões de nossa vida – considerando que a confusão começa quando não sabemos entender e sermos fiéis à lógica intrínseca de cada uma dessas dimensões – ao aspecto da autonomia, temos uma base fundamental para sermos capazes de estabelecer relações evolutivas (*self skill* fundamental para liderança).

Para finalizar, considerando o quão difíceis são as relações, independentemente da esfera de nossa vida, abre-se o questionamento acerca de como se mover bem nas relações. Meneghetti sugere três coordenadas para que se tenha mobilidade com autonomia e evolução dentro das relações. Utilizo-as na minha vida pessoal e as sugiro sempre aos meus clientes. Posso assegurar que são altamente funcionais, mas dependem de uma prática constante e uma profunda decisão de "ouvir" e respeitar a si mesmo. Ao final, a liderança está associada à capacidade de sermos fiéis e coerentes à nossa inteligência. Seguem as três coordenadas.

1) No momento das relações, quaisquer que sejam, observar como reagimos corporal e emocionalmente. É preciso ter em mente que o **nosso corpo é um imenso radar que vai muito além dos cinco sentidos**. Porém, precisamos respeitar e aprender a escutar essas informações. Se a resposta corporal ou emocional indica desconforto, constrição ou alguma dor súbita, deve-se ter atenção se aquela relação de fato é funcional para você. Se, ao contrário, aquele encontro produz bem-estar, expansão,

abertura, é um indicador de acolhimento da relação. Temos uma inteligência imensa em nosso corpo que responde segundo **critérios de identidade, utilidade e funcionalidade**. Não segue as convicções do Eu consciente, mas a inteligência nativa que permanece íntegra nos órgãos.

2) Ter claro qual é o escopo ou **a motivação daquele encontro**. Se é um encontro de trabalho, por exemplo, devo ter clara a lógica profissional na relação. Muitas vezes, fazemos confusão e sobrepomos a lógica de uma dimensão à outra. O foco e a coerência ao objetivo da relação naquele momento são fundamentais para obter o escopo desejado.

3) Ter uma profunda **dignidade sobre si mesmo**. Sempre lembrar quem somos e quais são nossos objetivos. Nunca esquecer a responsabilidade pelo próprio valor de pessoa. Não posso esperar que o outro reconheça meu valor se sou o primeiro a deixá-lo em segundo plano quando estabeleço minhas relações. É preciso ter sempre em mente que o primeiro guardião do meu valor sou eu.

Capítulo 8

8. Águas que rompem barragens, grãos de areia que escorrem por entre os dedos: gerir emoções é mesmo possível?

> *Estamos mais frequentemente assustados do que feridos; e sofremos mais na imaginação do que na realidade.*
> *(Sêneca)*

Quando pensamos na gestão de projetos, negócios ou mesmo da própria carreira, sabemos o quanto as emoções são determinantes. Uma resposta inadequada em um determinado contexto, fruto de uma forte variação emotiva, pode arruinar algo que está sendo gestado há meses ou anos. Ao falarmos da capacidade de gestão evolutiva de nós mesmos – as *self skills*

– e do quanto elas são importantes para a liderança, sem dúvida, precisamos discutir e compreender o universo das nossas emoções. Estudos apontam para o fato de que 58% do desempenho de um profissional está correlacionado com seu grau de inteligência emocional. Logo, compreender e gerenciar suas respostas a emoções e sentimentos está diretamente relacionado com o seu grau de sucesso.

O desafio sobre o qual procurarei fazer você refletir neste capítulo é que, quando falamos em emoções, não se pode pensar apenas naquilo que usualmente se entende por gestão das emoções. O que propomos aqui é muito maior, pois se trata de tomar posse de si mesmo. Ser patrão na própria casa. Saber compreender, perceber a si mesmo e gerir suas respostas às variações emotivas.

As emoções são algo belo e fundamental ao humano. Para aquele que se interessa pelo mundo da liderança, é de vital importância compreendê-las, pois, dentre outros fatores, nossas emoções podem ser uma forma de ingresso ao autoconhecimento. Se sei como me emociono, quais gatilhos provocam essa ou aquela emoção, sei mais de mim mesmo. Se compreendo mais a mim, seguramente eleva-se minha capacidade de tomada de decisões que produzirão resultados evolutivos em minha vida.

Neste capítulo, quero convidar você para refletir e, se possível, ampliar sua compreensão sobre emoções, gestão e liderança. Será uma discussão bastante complexa, mas tentarei torná-la objetiva e prática, sem abrir mão da necessária profundidade que ela porta consigo. Sem dúvida, não pretendo esgotar o tema (Ele, por si só, é amplo e complexo o suficiente para compor uma obra. Pretendo ampliá-lo futuramente em nova publicação). Digo que, por hora, apenas introduzirei o tema por dois motivos: o primeiro é que, sob o ponto de vista da nossa formação psíquica e das propostas científicas existentes, os estudos sobre as emoções envolvem uma enorme densidade teórica; muitos estudiosos se dedicaram ao tema. O segundo motivo é que, como assinalei, pretendo retomar a essa temática, associada ao contexto da informação e do desenvolvimento da liderança em uma obra específica que será uma abertura profunda e ao mesmo tempo prática sobre o nosso universo emocional.

Os estudos sobre as emoções estão presentes desde a Antiguidade. Encontramos verdadeiras teorias sobre as emoções em Platão e Aristóteles. O Estoicismo, por exemplo, dedica muita atenção a esse aspecto do humano. Quer em Sêneca, quer em Epiteto, pode-se ler sobre a busca de uma boa vida, sobre a felicidade e a busca pela virtude. Dessa visão que nasce, por exemplo, a expressão "calma estoica", os estoicos buscavam a tranquilidade mental como virtude para o sábio. Para aqueles mais curiosos sobre a história do pensamento humano no Ocidente, convido-os para pesquisarem também sobre o Epicurismo. Esse sistema filosófico levava muito a sério o mundo das emoções e entendia que o homem sábio deveria buscar aquilo que chamavam de ataraxia: "imperturbabilidade", "ausência de preocupações".

Grandes pensadores como Piaget, Vigotsky, Wallon, Myers, até os mais contemporâneos, como Damásio, autor do *Erro de Descartes*, Goleman, com a *Inteligência Emocional*, Gardner, com as *Inteligências Múltiplas*, dentre outros, dedicaram-se à compreensão das emoções.

Considerando que nosso escopo aqui é introduzir o argumento, mas sem perder profundidade e objetividade, pretendo abordar 3 aspectos:

- O conceito de emoção;
- A dinâmica das emoções, ou seja, o mover-se emocional; como as emoções operam na nossa estrutura psíquica;
- Sugestões práticas: como posso melhorar a gestão das minhas emoções no meu cotidiano.

A palavra "emoção" encontra suas raízes quer seja no grego, quer no latim. Sua origem etimológica latina é *actio me agit* = a ação me agita. Pode-se definir a emoção como uma reação orgânica (ou neuro-orgânica) por variação psíquica, ambiental ou de relação. Isto é, é uma reação a um estímulo ambiental e cognitivo que produz tanto experiências subjetivas quanto alterações neurobiológicas significativas. Está associada ao temperamento, personalidade e motivações tanto reais quanto subjetivas. Nas emoções, entra em jogo também tudo aquilo que é nossa realidade inconsciente, aquele imenso mundo que age em nós, mas do qual não temos conhecimento.

Há, ao menos, dois fatores importantes nesse conceito clássico de emoção. Primeiro: a emoção é uma reação, ou seja, é um póstumo, é um depois de algo que já ocorreu. É uma resposta, embora, muitas vezes, as pessoas entendam erroneamente achando que a emoção é um primeiro causante. Segundo fator: essa resposta pode ser a algo real ou imaginário, fictício. Exemplo: Sinto medo na presença de uma cobra, é um animal que me ameaça. É uma emoção provocada por algo real. Sinto medo sempre que entro na água, é um medo oriundo de algo que, embora vivido com realidade para aquele que vive, nem sempre encontra correspondência com o real em si. Não posso dizer que é universalmente real o fato de um adulto sentir medo sempre que, por exemplo, coloca os pés no mar ou entra em uma banheira. Está claro? Essa resposta não segue apenas o nosso arco reflexo[1], mas há também uma passagem mental; e no mundo de nossa mente, muitas vezes, o real e o

---

1 "Arco reflexo" é uma resposta automática sem o uso da consciência ou da reflexão, segundo a qual um estímulo recebido pelo nervo é instantaneamente respondido sem a necessidade de uma elaboração.

imaginário se confundem, especialmente devido à nossa realidade inconsciente.

Então, as premissas estão colocadas: a realidade do nosso inconsciente é determinante e impõe grande dificuldade na gestão das emoções; as **emoções são uma reação** e essa pode ser a algo real ou imaginário. Logo, nosso desafio é: responsabilizar-se sobre o próprio mundo inconsciente e pelos próprios pensamentos e imagens mentais espontâneas. Aqui, entra outra questão importante e que impacta o mundo emocional: **meus pensamentos produzem realidade**. Gerir as próprias respostas às variações emotivas está relacionado também a saber administrar os próprios pensamentos. Precisamos pensar em inteligência sobre o aspecto emocional, muito mais do que gestão das emoções.

Entrando no segundo aspecto que desejo abordar, ou seja, da dinâmica das emoções, precisamos refletir um pouco sobre nosso psiquismo, nossa mente. Considerando que a realidade do inconsciente representa a maior parte da atividade psíquica humana (segundo a maioria dos estudiosos, em torno de 80% desta), fica evidente a dificuldade em administrarmos nosso mundo emocional, pois somos quase totais desconhecedores sobre como ele opera: observamos só aquilo que é sua manifestação.

Sob o ponto de vista do nosso Eu, que é a nossa parte consciente, podemos dizer que somos muito mais geridos pelas nossas emoções do que gestores delas. Basta pensar, por exemplo, nos acessos de raiva ou de tristeza que eventualmente temos. Quantas vezes não os controlamos e sequer sabemos bem quais são os seus gatilhos! Quando, por exemplo, lutamos contra nossas emoções indesejadas, como o medo, a raiva, a tristeza; na verdade, estamos lutando contra o inimigo errado e da forma errada. Essas emoções e todas as outras são apenas o que podemos chamar de momento fenomênico. Em outra linguagem, essas emoções são apenas a manifestação de algo. Certamente, é importante "lutar" contra elas. Certamente, não desejamos que as pessoas fiquem explodindo seus sentimentos de raiva quando e onde desejarem. Porém, a provocação aqui, em especial aos líderes ou àqueles que se interessam pelo universo da liderança, é a da compreensão e do autoconhecimento.

A **emoção** é uma reação imediata a um estímulo, é algo que mexe com você e que não envolve pensamento. Já o **sentimento** envolve um alto grau de componente cognitivo, de percepção e avaliação de algo. As emoções é que dão origem aos sentimentos. **Emoção é reação; enquanto sentimento é construção.** O medo, a tristeza, a alegria, a raiva e o afeto são emoções. Já ansiedade, desconfiança, vergonha, amor, perdão, bondade são elaborações, construções que realizamos a partir das reações emotivas; ou seja, são sentimentos.

De maneira objetiva, podemos dizer que a emoção é um terceiro capítulo de uma história que já vem sendo contada. A reação emotiva – lembrando que emoção é uma reação, pois a emoção é um reflexo da mente no nosso corpo – é o terceiro momento dinâmico de algo. O primeiro momento é pura atividade psíquica, é intencionalidade. O segundo momento é o da formalização dessa intencionalidade em imagem – todo o proceder psíquico humano ocorre por meio de imagens, nossa mente funciona por meio de imagens. E o terceiro momento é o emotivo. Acompanhemos este exemplo: tenho a intenção de fazer um investimento novo, ou mudar de carreira, ou mudar de empresa. Existe o momento intencional. Penso sobre isso, formulo hipóteses mentais. A intenção se faz imagem, ideia, pensamento. Porém, advém o medo que me paralisa. Essa é a resposta emotiva, possivelmente a elementos reais, mas também a aspectos não comprovadamente reais. Na verdade, observo que a maioria dos medos paralisantes são motivados por coisas irreais. Travamos nosso desenvolvimento por coisas que sequer existem de fato. Depois, elaboro sentimentalmente tudo isso. Penso que, na verdade, não seria o caso de levar à frente esse projeto, porque não existem as condições necessárias, ou penso que não é bom "trocar o certo pelo duvidoso" etc. Encontro uma justificativa racional para manter-me na minha zona de conforto. Outro exemplo: estava trabalhando tranquilamente no início da manhã; agora, por volta de meio-dia, sinto-me com uma raiva que me deixa ansioso. Essa ansiedade começou quando? Qual foi o encontro, ou o pensamento, que disparou a raiva e organizou a ansiedade? Melhor do que gerir a emoção, é retomar o momento-gatilho, ou seja, dois passos antes: lembrar-se da situação e entender a imagem que ativou a emoção. O mesmo vale para o exemplo do medo ao pensar em uma mudança: buscar entender a emoção que me condiciona a não mudar.

Às vezes, entramos abertos em uma relação com o outro que é/está em frustração e acabamos por executar a dinâmica dele. Explico. É importante lembrar que existe uma realidade inconsciente entre nós humanos. Algumas emoções que vivemos são informações de terceiros que passam a condicionar a tomada de decisão do nosso Eu consciente. O Eu executa uma informação de outro como se fosse sua e, por isso, se faz passivo.

Por fim, como terceiro aspecto, trago sugestões práticas.

A primeira e fundamental sugestão: em situações adversas, de dificuldade, que geram algum tipo de forte variável emotiva, como uma explosão de medo, de raiva etc.: **saber recolher-se em si**. Ou seja, muitas vezes, quando nós estamos em problema, quando nos ocorre alguma coisa, a tendência é que a gente vá compartilhar essa situação com alguém, pedir opinião para este, aquele e aquele outro. Minha sugestão é fazer exatamente o contrário: saber recolher-se em si. Saber estar com amor e generosidade consigo mesmo. Por exemplo: ir para um local mais reservado, sozinho e pensar: "O que aconteceu? O que disparou essa emoção?"; e refazer o percurso da emoção – do momento do gatilho até o momento da explosão. Se consegue refazer esse percurso, verificará que você mesmo consegue retomar a ordem de si.

Partindo-se dessa premissa, advém os outros passos:

- **Identifique seus pensamentos e sentimentos:** algo ruim lhe aconteceu? Primeiramente, anote o que você sentiu ao se deparar com a experiência desafiadora;

- **Invista em compreender suas emoções:** depois de identificar e observar o que você pensou no momento da dor, é possível trabalhar melhor as emoções;

- Lembre-se sempre de que **não podemos mudar o passado**, mas podemos viver o presente para **construir nosso futuro**;

- Saiba que **ninguém muda outro alguém**: de nada adianta remoer, no seu interior, o jeito e as atitudes de outras pessoas. Você não tem o poder de mudá-las. Faça o seu melhor e desprenda-se das correntes do outro;

- **Seja capaz de tirar aprendizados de tudo**: após cada experiência, seja ela boa ou ruim, pare e pense: "O que eu posso aprender com isso?". Essa é uma ótima forma de tirar bons ensinamentos de tudo e, assim, tornar a vida mais leve.

A temática das emoções é fundamental na construção de uma liderança autêntica. Assim, para mim, é fundamental que você tenha entendido bem a discussão que trago aqui e, mais do que isso, que ela tenha permitido a você ter *insights* sobre a sua autogestão. Dessa forma, reitero que o ponto central não é aquilo que usualmente se chama de "gestão das emoções", pois a emoção é só o elemento fenomênico, é aquilo que vejo. Por exemplo, uma explosão de raiva é o evento fenomênico, mas várias passagens se deram antes da explosão. Quanto mais eu desenvolvo meu autoconhecimento e minha autorresponsabilização, mais se abrem passagens de compreensão e percepção de mim que permitem a gestão das próprias respostas emotivas. Ou seja, não se pode ser superficial ou ter uma visão apenas de controle sobre si mesmo se desejamos a liderança. Existe uma infinidade de abordagens que veem a assim chamada "gestão das emoções": apenas pelo viés do autocontrole. Quando leio tais conteúdos, vejo a superficialidade e sempre me ocorrem imagens que remetem à tentativa de bloquear algo que é quase impossível, senão impossível de ser bloqueado: uma muralha de areia feita por uma criança ao redor de seu castelo na beira da praia, por exemplo, não pode conter as águas do mar.

Feita toda essa discussão, posicionada a importância do mundo emocional para o líder, cabe perguntar como eu posso, de forma prática, me desenvolver nesse aspecto. Entendo que a resposta passa por justamente compreender esse contexto a partir das *self skills*, ou seja, como uma competência a ser desenvolvida. Assim, eis o grande desafio: **ser capaz de perceber as próprias variações emotivas e gerir respostas funcionais ao contexto é uma competência fundamental ao líder**. Veja que essa competência se abre em dois aspectos: o primeiro diz respeito à autopercepção; já o segundo, à gestão da reação que terei após a vivência daquela emoção.

Nosso corpo é um radar incrível, porém não utilizado. Somos muito ausentes a nós mesmos. Toda a emoção pessoal, por óbvio, se dá pela via do corpo. Se estamos atentos ao nosso corpo, a tudo aquilo que são as linguagens verbais e não verbais, as imagens e os pensamentos que surgem "do nada", gradualmente passamos a ampliar nossa capacidade perceptiva, e isso significa o maior uso da própria inteligência. Para ilustrar essa questão da percepção, gosto muito de fazer analogia com o mundo animal. Imagine, por exemplo, os pássaros: são alegres, comem, brincam, cantam, mas, ao mesmo tempo, são sempre atentos, vigilantes. Um grande homem, igualmente, é sempre vigilante, sempre atento. De modo contrário, o "viver no automático" retrata uma ausência de responsabilidade por mim mesmo e, por decorrência, a impossibilidade de perceber o que me ocorre. Sou um cego entre cegos.

Por fim, temos a questão da **gestão da resposta**. Ou seja, gerir respostas funcionais ao contexto. Somos sociais, vivemos em grupos; nossos projetos, negócios, nossa ambição é realizada também por meio de outras tantas pessoas. Como se diz sempre: não somos uma ilha. Especialmente o mundo de liderança passa por um jogo no social, um acordo com muitos, um ser solução para outros. Quando digo que a concepção de liderança que perpassa minha visão é aquela do saber servir, é claro que se serve a alguém. Digo tudo isso, pois a construção do seu protagonismo está diretamente ligada à sua capacidade de se mover no social, se mover junto aos outros. Se quero a liderança, não posso ser infantil a ponto de achar que não é importante como me posiciono, como trabalho em equipe, como cultivo (ou não) boas relações. Retorna tudo aquilo que disse quando discutimos o líder e as suas relações. Não posso ser uma mina ambulante se quero construir projetos de valor para minha identidade. Claro que isso não pressupõe que devo aceitar tudo e não saber dizer "não". Essa é outra infantilidade frente à minha identidade.

Saber gerir respostas funcionais ao contexto, quando falamos das nossas emoções, é ter sempre em mente que toda ação tem uma reação, é compreender que existe o modo e o momento certo para meus posicionamentos.

É sair do mundo do automático e entrar no mundo da autogestão. É ser um arquiteto, um artesão na construção de si, diariamente. É desafiador, mas igualmente belo e produz resultados efetivamente evolutivos.

Capítulo 9

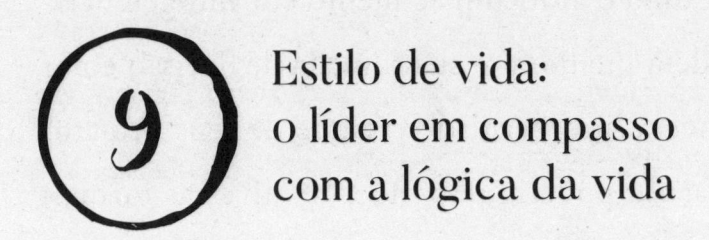

9 Estilo de vida: o líder em compasso com a lógica da vida

Um líder não pode pretender viver como as ovelhas e, depois, no momento do problema, voar como uma águia.
(Antonio Meneghetti)

Se você chegou até aqui na sua leitura, seguramente percebeu um diferencial na proposta formativa que trago. A perspectiva das *self skills* abre um novo foco de investimento para a construção de sua liderança e prosperidade. Meu propósito maior é a geração de autoconhecimento para o desenvolvimento de líderes autênticos. Mas alguém poderia questionar: qual é a relação, por exemplo, entre autoconhecimento e autogestão (*self skills*) e resultado econômico? Como o autoconhecimento e o autogerenciamento podem melhorar a sua tomada de decisão e por consequência a prosperidade e saúde de seus projetos ou carreira? Eu poderia responder de diversas formas; entretanto, gostaria de aprofundar a reflexão. Ao longo da história da humanidade, algumas máximas, alguns pensamentos se perenizaram exatamente pela sua força e correspondência com os valores profundos da vida, ou com aquilo que Husserl chamava de *mundo da vida*. Volto-me novamente para exemplificar, trazendo pensadores da Antiguidade. Lanço mão aqui de dois: Protágoras e Sócrates.

Protágoras de Abdera, filósofo sofista que viveu na Grécia entre 481 e 411 a.C., tinha uma máxima: "O homem é a medida de todas as coisas, das coisas que são, enquanto são, das coisas que não são, enquanto não são". Ou ainda de Sócrates, é célebre a passagem que diz: "Conhece-te a ti mesmo e conhecerá o universo e os deuses". Ou seja, a passagem para a realização de nossas ambições, para construção de uma vida melhor encontra-se na compreensão e no desenvolvimento de si.

Protágoras, a seu turno, nos aponta que o desafio está na revisão e evolução da nossa consciência, na forma de vermos a nós mesmos e ao mundo. O mundo se revela na medida em que você se revela para o mundo, a partir de sua identidade de natureza. Se sou a medida de todas as coisas e se pelo modo como vivo não me sinto feliz e realizado, preciso ampliar essa medida. **Isso significa que, a partir da minha medida, conheço aquilo que a minha medida permite compreender.** Se vivo, ou meço a vida como algo difícil, assim será. Se pelo limite da minha consciência, pelo modo com que ela mede o mundo, eu metabolizo coisas e relações que não são funcionais à minha evolução, só posso pagar as consequências.

Somos um projeto da inteligência da vida; da imensa vida que produz tantas maravilhas. Vivemos, ou melhor, fazemos parte da mesma ordem que encontramos em toda a natureza. O desafio é compreender meu projeto de natureza e mudar aqueles modelos presentes na minha consciência que impedem o viver segundo essa ordem de natureza e a realização desse projeto. **Mudar a própria consciência é ampliar a medida; é fazer metanoia** – um dos pilares que uso na minha metodologia para formação de líderes.

A máxima socrática do "conhece-te a ti mesmo", por sua vez, é autoevidente. Como eu disse, fazemos parte da inteligência da vida. Nossa angústia ou sentimento de frustração é a evidência de que estamos conduzindo nossa existência – nosso trabalho, nossas relações, nossas ideias, nossas verdades – em descompasso com nosso projeto de natureza, que se manifesta em nosso *core business*. Quanto mais compreendemos e agimos nossa identidade, mais estamos em compasso com aquela informação que nos sustenta e produz bem-estar e desenvolvimento integral.

Chegamos, então, a outro ponto: **desenvolvimento integral**. O que se entende por desenvolvimento ou realização integral no contexto da minha metodologia? Embora já tenha feito referência a isso, acho importante reiterar. Entende-se que o ser humano é uma totalidade, é um holístico dinâmico em ação existencial. Logo, é uma cilada acharmos que uma dimensão de nossa vida não está intimamente ligada às outras. Somos um todo que compreende o físico, o social, o econômico, o psicológico e, principalmente, o espiritual. Integral significa que, por meio de minhas ações, do meu estilo de vida, constato evolução e sanidade em todas essas dimensões. É completa ilusão achar que, por exemplo, apenas a realização econômica produzirá harmonia e satisfação. É fundamental o aspecto econômico, mas não é uma dimensão isolada. Por meio da realização de muitas pequenas coisas, devemos promover uma maturação constante de nós mesmos. Trata-se de evoluir a tensão, a aspiração que, naturalmente, cada homem sente em si.

Entramos, por fim, na temática central que desejo aprofundar com você neste item: **a importância do estilo de vida para o líder**. Essa temática, embora muito pouco abordada nas escolas de formação voltadas à liderança, é fundamental. Diria que é central. O estilo de vida, ao final, é determinante para o líder ou para aquele jovem que deseja formar-se nesse âmbito. Daquilo que observo no meu trabalho de consultoria individual e empresarial, não tenho receio de afirmar que o estilo de vida efetivamente é o que faz ser ou não ser líder. Todo o grande, cedo ou tarde, se dá conta de que o jogo se ganha também fora das linhas do campo. Ou seja, se dá conta da importância e do impacto do seu mundo privado na construção de seus projetos.

A vida privada, a um só tempo, é fonte de poder e regeneração da própria inteligência; e, quando mal administrada, é semente do erro contra si mesmo. Conforme trouxe no capítulo sobre autossabotagem, o erro, quando ocorre, não advém do externo, do mercado, do colaborador, do sócio, mas do modo como administramos a nós mesmos, no modo como somos verdadeiros amigos ou inimigos de nós mesmos.

Por estilo de vida, compreende-se todo o mundo mais próximo ao líder e que, muitas vezes, é administrado em modo superficial, por se achar que uma coisa é a lógica do poder e da economia, outra é a da vida privada. Mas sejamos práticos: quantos negócios vimos desmoronar por uma competição entre sócios relacionada a aspectos distantes do negócio em si, ou por relações afetivas mal administradas, ou por vícios particulares que tiram a pessoa completamente do foco dos seus projetos?

Nosso estilo de vida envolve desde nossas relações afetivas, sexo, amigos, cultura, política, música, bebida, leituras, drogas etc.; mas também o mundo mental. Uma pessoa que deseja efetivamente realizar a si mesma, construir projetos de valor para si e para o social, deve, em primeiro lugar, ter atenção à própria interioridade. É aquilo que chamo de ecossistema mental. Cabe ao menos perguntar-se: meus pensamentos são produtores de vida, de alargamento da minha inteligência e da minha ação, ou são a gênese do erro, da obsessão? Começar por observar e responsabilizar-se pelo estilo de vida mental, digamos assim, já é uma ótima salvaguarda, um ótimo começo.

Ampliando a questão do estilo de vida para o líder, muitos aspectos podem ser abordados e, por si só, dariam um livro. Porém quero trazer três pontos que entendo como centrais.

O primeiro: **a importância da própria casa como extensão e reforço – ou redução – de si mesmo**. Nossa casa, o local onde habitamos, é onde estamos mais abertos e disponíveis. Deve ser um local cuidado, cultivado com carinho. Nossa casa deve ser uma extensão de nossa identidade;

um aconchego e um reforço quando chego da batalha do dia a dia. Ordem produz ordem, desordem produz desordem. Logo, é fundamental cuidar do próprio ambiente, em especial do próprio quarto, da cama onde passamos muitas horas. Sugiro ter atenção para não ser, como digo, **o eterno provisório de si mesmo**. Ou seja, "Amanhã arrumo", "Amanhã vai ficar como quero"... um amanhã que nunca chega, e assim sou diariamente amassado, coisificado, objetificado pelo ambiente que deveria me fazer mais. Ajuda o ambiente que o ambiente o ajuda! Essa máxima funciona também na empresa.

Você poderia se perguntar: mas eu ainda sou jovem, não tenho tanta autonomia ou condições, talvez more com meus pais ou com amigos. Sim, cada etapa da vida tem suas contingências e seus desafios. Um passo de cada vez. Entretanto, agora que você sabe da importância desse aspecto para a construção da sua liderança, cabe responsabilizar-se e se perguntar o que pode ser melhorado no próprio ambiente a partir das condições que possui. **Não cabe vitimismo a quem quer ser líder. Esse faz o possível e logo o que parecia impossível foi também realizado.**

Segundo aspecto sobre o estilo de vida que gostaria de introduzir é a questão da **própria fisionômica** e do **reforço contínuo da própria imagem**. Entenda o seguinte: você pode ser uma pessoa muito inteligente e sensível e achar que é indiferente como se veste, como se apresenta. Porém, no mundo do trabalho e da liderança, a fisionômica não pode ser desprezada. Aquela máxima segundo a qual nossa imagem é o primeiro cartão de visita deve ser, ao menos, observada.

É claro que não estou falando aqui de grifes ou modismos, também é óbvio que uma pessoa não deve ser medida simplesmente por como se veste. Entretanto, recomendo observar esse aspecto da fisionômica em relação ao escopo almejado. **O seu escopo, seu objetivo é que determina. A fisionômica deve ser função ao escopo.** Cabe se perguntar: no ambiente em que desejo crescer, meu modo de me posicionar, de me vestir enaltece minha identidade, minha inteligência, ou me reduz? Este é o ponto.

Terceiro aspecto: **o tempo livre**. O mais precioso e desafiador é o tempo livre. Quando estamos na correria de nossas atividades, do trabalho, bem ou mal mantemos certa *performance*. Estamos atentos. O desafio é quando, cumpridas as nossas atividades, resta-nos nosso tempo livre. Infelizmente, aquilo que se constata é que esse tempo que deveria ser utilizado como reforço de si mesmo, de ampliação do próprio limiar cultural é perdido; joga-se fora o tempo livre com superficialidades, seguindo os velhos estereótipos de todos.

Muitos, por "fugir" da solidão do tempo livre, jogam-se em relações ou circunstâncias que reduzem a si mesmo. Lamentavelmente, vivemos em uma sociedade que construiu um estereótipo de que a solidão – o estar só – é algo ruim. Atualmente, a solidão é quase um sinônimo de algo ruim. Por outro lado, é interessante observar que os grandes sábios da humanidade cultivavam e assinalavam a importância e os benefícios dos momentos de solidão. Enfim, **a lógica da liderança, por coerência, implica uma trajetória distinta**, e o tempo livre deve ser cultivado com o máximo zelo em função do reforço da própria identidade. **O tempo livre é a grande armadilha de todos os grandes líderes. É uma arte que deve ser encontrada, cultivada, vivida.**

Como indica Meneghetti ao falar da formação do líder, o estilo de vida é algo que não pode ser ensinado, ou determinado por uma moda ou moral que diz: faça isto, não faça aquilo. É algo que a pessoa deve encontrar, desenvolver. Ela deve perguntar-se: qual cultura? Qual música? Qual leitura? Quais amigos? Enfim, uma vez que se sabe o quanto é importante esse aspecto para o desenvolvimento e fortalecimento da própria personalidade, se busca. É preciso verificar se se sabe ser feliz, se sabe encontrar aquela cultura da qual se tem necessidade para evoluir. A verificação é sempre aquela: é funcional para mim? Me faz crescer? Me faz mais? Me reforça na direção da realização da minha ambição de líder? Se sim, siga, incremente; se não, mude, contorne. Diplomaticamente, com o máximo respeito, se evada, se afaste daquilo que é redutivo para si.

Uma última consideração: quando se é líder, cada ação impacta e é referência para muitos. Então, o próprio estilo de vida também é escola para aqueles que estão no entorno do líder. Impacta sua vida e impacta, também, suas relações pessoais, seus liderados, enfim, todo o ecossistema do líder.

Capítulo 10

10 Convite à ação vencedora

*O líder é aquele que casou com a ação,
o primado da mente, casou com a
capacidade de ser mais para dar mais.*
(Antonio Meneghetti)

Existe um posicionamento em ciência que sustenta que um conhecimento só é verdadeiramente válido se é **práxis existencial**, se possui uma função para a construção de uma vida melhor. Essa talvez seja a essência da produção do conhecimento. Criamos, inventamos, refletimos para melhorar a vida. Cada descoberta diminui o limiar de ignorância do homem acerca daquilo que ele já é. Como sustenta o hinduísmo, o esclarecimento retira véus de Maya na direção de colhermos a essência das coisas e, no caso deste livro, a essência de nós mesmos. Acredito que foi possível trazer conhecimentos, vivências e práticas que apoiarão muito a construção de seu desenvolvimento integral.

A perspectiva das *self skills* é nova, mas transformará nossa visão de desenvolvimento de pessoas e, em especial, a formação dos líderes. O caráter inovador desta obra é não apenas trazer à luz as *self skills*, mas conceituá-las e apresentar de modo prático como tais competências podem promover a construção de uma vida efetivamente próspera.

O escopo maior deste livro é ser um companheiro no processo de desenvolvimento de quem escolher lê-lo e, mais do que isso, responsabilizar-se por aplicar na própria vida as propostas que ele oferece. Penso nele como uma espécie de manual. Mas não segundo uma perspectiva superficial e bastante corrente de um receituário. Manual é uma palavra de origem latina, *manualis*, "relativo à mão", de *manus*, "mão". Fazia referência a atividades exercidas com as mãos, mas também tinha atinência ao fato de poder ser levado na mão. A palavra passou a ser usada para definir um livro com finalidade educativa que oferece os princípios básicos para realização de uma atividade. Um livro de fácil acesso, de pronto uso para solucionar algo. Essa é minha visão desta obra. Assim, convido você para tê-la sempre perto, a relê-la quando em vez.

Estou seguro de que este livro lhe trará sempre apoio e provocará novas reflexões acerca da superação de seus desafios. Espero também que ele consiga sempre o encorajar a viver a grandeza do valor que a vida lhe deu. Essa deve ser sempre nossa maior provocação: **contínua responsabilização pelo nosso valor**. Somos muito capazes! Basta que continuamente – *lifelong learning* – afiemos o machado. Tenhamos a capacidade de revisão de nós mesmos, de renovada autorresponsabilização na direção do melhor de nós mesmos. Se caímos, levantamos; se estamos indo bem, nos aperfeiçoamos para seguirmos ainda melhores. Fundamental é nunca perder o íntimo chamado do próprio Em Si ôntico que clama, por meio de nossa ambição, de nossa motivação, para **sermos, sabermos e fazermos mais**. A realização vencedora fora é sempre materialização do nosso potencial de alma. O líder formaliza sua essência naquilo que constrói. É sempre o íntimo invisível de si mesmo que constrói as grandes realizações no externo.

A proposta das *self skills* é justamente o endereçamento da sua consciência para que simplesmente você realize na história **aquilo que potencialmente você já é**. Conceituamos *self skills* como uma "capacidade de gestão evolutiva de si mesmo", pois entendemos que esse é o elemento substantivo. Se – como este livro propõe – é o nosso potencial de natureza e nossa personalidade que sustentam nossos projetos, nossa carreira, a autogestão evolutiva torna-se a estratégia oculta de sucesso para o líder.

Por fim, gostaria de reiterar algo que continuamente está presente nesta obra. A vida se faz. A autorrealização é fruto da formalização na história do potencial de natureza presente em nós. Assim, um grande potencial de pouco vale se não é materializado em ação vencedora. Logo, este livro é um convite à ação. Tem uma frase da qual gosto muito: "A inteligência, sem ambição, tem pouco valor". Acrescento: a ambição sem materialização histórica só gera ansiedade e frustração. O líder se faz, se forja na ação vencedora.

Agradeço seu interesse pela obra e convido você para continuar acompanhando minhas próximas publicações. Avante sempre!

Sobre o autor

Ângelo Accorsi possui longa e significativa formação no campo do desenvolvimento humano e extensa atividade formativa e empresarial. Destacam-se: Doutorado em Psicologia Clínica (PUC-SP); Mestrado em Psicologia Social (PUC-RS); Especialização em Psicologia com abordagem em Ontopsicologia (Universidade Estatal de São Petersburgo – Rússia); Graduação em Psicologia (UNISINOS). Empresário, Psicoterapeuta, Consultor, Docente Universitário e Palestrante. Diretor da Accorsi Consultoria. Cofundador da Impare Tecnologia Educacional. Idealizador da Intus - Escola de Liderança. Presidente do Instituto Gênio de Cultura e Formação Humanista. Orcid: 0000-0003-0225-6766.

FSC
www.fsc.org
MISTO
Papel produzido
a partir de
fontes responsáveis
FSC® C133282